F. A. Fetter

Versuch einer Bevölkerungslehre

Kritik des Malthus'schen Bevölkerungsprinzips

F. A. Fetter

Versuch einer Bevölkerungslehre
Kritik des Malthus'schen Bevölkerungsprinzips

ISBN/EAN: 9783743380097

Hergestellt in Europa, USA, Kanada, Australien, Japan

Cover: Foto ©ninafisch / pixelio.de

Manufactured and distributed by brebook publishing software
(www.brebook.com)

F. A. Fetter

Versuch einer Bevölkerungslehre

VERSUCH

EINER

EVÖLKERUNGSLEHRE

AUSGEHEND VON EINER

KRITIK DES MALTHUS'schen BEVÖLKERUNGSPRINCIPS.

VON

Dr. FRANK FETTER.

JENA.

VERLAG VON GUSTAV FISCHER.

1894.

se Abhandlung bildet zugleich das vierte Heft des siebenten Bandes
ammlung nationalökonomischer und statistischer Abhand-
des staatswissenschaftlichen Seminars zu Halle a. d. S., heraus-
t von Dr. Joh. Conrad." Vergl. auch die Rückseite des Umschlags.

Verlag von Gustav Fischer in Jena.

Soeben wurde vollständig:

Handwörterbuch

der

Staatswissenschaften.

Herausgegeben von

Dr. J. Conrad,
Professor der Staatswissenschaften zu Halle a. S.

Dr. W. Lexis,
Professor der Staatswissenschaften zu Göttingen.

Dr. L. Elster,
Professor der Staatswissenschaften zu Breslau.

Dr. Edg. Loening,
Professor der Rechte zu Halle a. S.

Sechs Bände.

Im Gesamtumfange von 394 Druckbogen.

Preis brosch. 100 Mark, geb. 112 Mark.

*Am 1. Januar 1895 wird der Preis auf 120 Mark
für das broschierte, auf 135 Mark für das gebundene
Exemplar erhöht werden.*

Das „Handwörterbuch" steht nicht im Dienste irgend
einer Partei. Sämtliche Artikel sind von hervorragenden
Fachmännern, namentlich auch von solchen, welche den
behandelnden Fragen in der Praxis nahe stehen, geschrieben und von ihren Verfassern unterzeichnet.

Ein ähnliches Werk von gleichem Umfange ist weder in der
deutschen noch in der ausländischen Litteratur vorhanden. Der
Schwerpunkt desselben ruht in der Darlegung des thatsächlichen
Inhalts der wirtschaftlichen und sozialen Erscheinungen, die in
ihrem inneren Zusammenhange und ihrer geschichtlichen Entwickelung mit beständiger Rücksichtnahme auf die entsprechenden
Verhältnisse sämtlicher Kulturländer vorgeführt werden
sollen.

Das „Handwörterbuch" geht, während es die verfassungs-
rechtlichen und formalverwaltungsrechtlichen Materien aus-
schliefst, weit hinaus über die Grenzen einer lediglich verwaltungs-
rechtlichen Behandlung der gegenwärtig in Deutschland bestehenden wirtschaftlichen und sozialen Ordnung. Dasselbe
bietet die gesamte wirtschaftliche Gesetzgebung, eine detaillierte
Statistik, die Hauptergebnisse der parlamentarischen und litte-
rarischen Diskussion und eine vollständige bibliographische
Übersicht.

Eine solche reichhaltige Thatsachensammlung bietet allen
denen, welche der grofsen wirtschaftlichen und sozialen Bewegung unserer Zeit ein Interesse entgegenbringen, die Mittel
für eine rasche Orientierung und richtige Beurteilung der
schwebenden Fragen.

Sammlung

nationalökonomischer und statistischer

Abhandlungen

des

staatswissenschaftlichen Seminars zu Halle a. d. S.

herausgegeben

von

Dr. Joh. Conrad,

Professor der Staatswissenschaften zu Halle.

Neunter Band. Viertes Heft.

JENA,

Verlag von Gustav Fischer.

1894.

VERSUCH

EINER

BEVÖLKERUNGSLEHRE

AUSGEHEND VON EINER

KRITIK DES MALTHUS'schen BEVÖLKERUNGSPRINCIPS.

VON

D<small>R</small>. FRANK FETTER.

———————

JENA.

VERLAG VON GUSTAV FISCHER.

1894.

„Je evidenter eine Wahrheit ist, desto
weniger macht man sich aus ihr; Leidenschaft
erregt nur was dunkel ist".

Renan.

When we have often employed any term
though without a distinct meaning, we are
apt to imagine it has a determinate idea
annexed to it.

Hume.

Sammlung

nationalökonomischer und statistischer

Abhandlungen

des

staatswissenschaftlichen Seminars zu Halle a. d. S.

herausgegeben

von

Dr. Joh. Conrad,

Professor der Staatswissenschaften zu Halle.

Siebenter Band.

JENA,

Verlag von Gustav Fischer.

1894.

Inhalt.

Inhaltsverzeichnis.

Kritik und Auslegung der Malthus'schen Lehre.

§ 1. Der Zweck dieser Forschung ist, klare Ideen bezüglich der Bevölkerungsfrage zu erreichen. Mit Bevölkerungsfrage meine ich hier die zweifache Frage: Welches sind die Momente, die die Bewegung der Bevölkerung beeinflussen und bestimmen? und so weit zu deren Beantwortung nötig ist die fernere Frage: Welches ist der wechselseitige Einfluß einer sich bewegenden (ab- oder zunehmenden) Bevölkerung auf jene Momente und besonders auf das Wohlsein der Einzelnen, die als Summe die Bevölkerung bilden?

§ 2. Was immer man früher über die Bevölkerungsfrage gedacht oder geschrieben hat, das Buch von Robert Malthus war es, wie wohl bekannt ist, das sie zu einem im Gebiete der National-Ökonomie am meisten diskutierten Gegenstande machte. Sein „Versuch über das Bevölkerungsprinzip" hat als weiteren Titel: „Oder eine Betrachtung über seine Folgen für das menschliche Glück in der Vergangenheit und Gegenwart." Auch in dem Titel also trägt der Versuch den Beweis, dass in ihm die Diskussion als eine wirtschaftliche, vielleicht teilweise eine ethische, aber allerdings keine politische, wie das vorher hauptsächlich der Fall war, geführt wird. Und obgleich politische Betrachtungen noch heutzutage sich in der Diskussion dieser Frage zeigen, so ist sie doch im Grossen und Ganzen innerhalb der Grenzen geblieben, auf die zu seiner Ehre, Malthus sie beschränkt hat.

Das grofse Interesse, Beifall und Opposition, die der Versuch veranlasste, haben ihn seit einem Jahrhunderte zum Brennpunkt aller Debatten gemacht. Obgleich in den verschiedenen Meinungen über diesen Gegenstand viele Schattierungen bestehen, sah man sich gewissermafsen gezwungen, sich auf die eine oder die andere Seite, entweder zu den Anhängern oder zu den Gegnern von Malthus zu stellen. Notwendigerweise geht man in der Untersuchung der allgemeinen Frage von einer Darstellung der Malthusschen Lehre und einer Prüfung des sog. Malthusschen Prinzips aus.

Folgende Zusammenfassung wird seine Lehre so weit als möglich in seinen eigenen Worten geben.

§ 3. a) Malthus beginnt mit der Behauptung: es gibt „eine beständige Tendenz in allem animalischen Leben, sich über die dafür vorhandenen Nahrungsmittel zu vermehren."[1] Dies, glaubt er, „ist unwiderleglich wahr. Durch das Thier- und Pflanzenreich hat die Natur die Samenkörner des Lebens mit verschwenderischster und freigebigster Hand ausgestreut; aber sie war verhältnismäfsig karg mit dem Raum und der notwendigen Nahrung um sie zu erhalten. .... Pflanzen und unvernünftige Thiere werden alle durch einen mächtigen Instinkt getrieben, ihre Gattung zu vermehren, und dieser Instinkt wird durch keine Fürsorge für ihre Nachkommenschaft zurückgehalten. Wo daher Freiheit ist, wird die Vermehrungsfähigkeit ausgeübt und die übermäfsigen Wirkungen werden späterhin durch Mangel an Raum und Nahrung zurückgedrängt."[2] Der Mensch ist zur Vermehrung seiner Gattung durch einen gleich mächtigen Instinkt angetrieben, aber die Vernunft hemmt sein Vorgehen und legt ihm die Frage nahe, ob er nicht Geschöpfe zur Welt bringen wird, für die er die Unterhaltsmittel nicht zu beschaffen vermag. Hört er auf diese Zweifel, so verlangt die Hemmung nur allzu oft erhebliche Opfer. Hört er nicht darauf, so wird das Menschengeschlecht sich beständig über die Unterhaltsmittel hinaus zu vermehren streben. Aber weil die Nahrung zum Leben des Menschen notwendig ist, „mufs eine starke Hemmung der Volksvermehrung[3] in beständiger Wirksamkeit sein. Diese Schwierigkeit mufs irgendwo erscheinen und notwendig in einer oder der andern der verschiedenen Gestalten

---

[1] M. 2.
[2] M. 2.
[3] „check on population".

des Elends oder der Furcht vor Elend von einem grofsen Teil des Menschengeschlechts hart empfunden werden." [1]

b) Um den Gegenstand in einem deutlicheren Licht zu zeigen sucht er festzustellen:

1. „Wie sich. die Bevölkerung naturgemäfs vermehren würde, wenn die Vermehrung mit vollkommener Freiheit vor sich gehen könnte." [2]

2. „Welche Zunahme der Bodenerzeugnisse unter den günstigsten Verhältnissen des menschlichen Fleifses erwartet werden kann?" [3]

Was den ersten Satz betrifft, so sagt er, nachdem er mehrere Beispiele von der Vermehrung der Bevölkerung erwähnt hat, dafs wir innerhalb der Wahrheit bleiben, wenn wir das langsamste dieser Zunahmeverhältnisse zu Grunde legen — ein Verhältnis, in dem alle Zeugnisse übereinstimmen und das, wie wiederholt konstatiert wurde, aus der blofsen Fortpflanzung hervorging. Es kann mithin zuversichtlich ausgesprochen werden, dafs ohne Hemmungen die Bevölkerung sich alle 25 Jahre verdoppelt, oder in einem geometrischen Verhältnisse zunimmt. [4]

Was den zweiten Satz betrifft, so sagt er nach einigen Betrachtungen über die Natur des Grund und Bodens und den Ackerbau: „Man kann es daher füglich aussprechen, dafs angesichts des gegenwärtigen Durchschnittszustandes der Erde die Unterhaltsmittel unter den günstigsten Umständen für den menschlichen Fleifs sich nicht schneller als in arithmetischem Verhältnis vermehren können." [5] „Die unvermeidlichen Wirkungen dieser beiden verschiedenen Zunahmeverhältnisse, sagt Malthus, sind in ihrer Verknüpfung sehr auffallend. Nehmen wir an .... die Bevölkerung der Erde betrage tausend Millionen, so würde sich die menschliche Gattung wie Ziffern 1, 2, 4, 8 u. s. w. vermehren, die Nahrungsmittel dagegen wie 1, 2, 3, 4, 5 u. s. w. In zwei Jahrhunderten würde die Bevölkerung sich zu den Nahrungsmitteln wie 256 : 9 verhalten, in drei Jahrhunderten wie 4096 : 13 und in zwei Jahrtausenden würde die Differenz beinahe unberechenbar sein." [6]

---

[1] M. 2.
[2] M. 3.
[3] M. 3.
[4] M. 4.
[5] M. 6.
[6] M. 6.

c) „Das schliefsliche Hemmnis der Volksvermehrung scheint somit ein Mangel an Nahrungsmitteln zu sein, der unvermeidlich aus den verschiedenen Verhältnissen der Bevölkerung und der Nahrungsmittel entspringt. Dieses schliefsliche Hemmnis ist jedoch nur in Fällen wirklicher Hungersnot das unmittelbare Hemmnis. Das unmittelbare Hemmnis besteht in allen jenen Gewohnheiten und allen jenen Krankheiten, welche durch Mangel an Nahrungsmitteln erzeugt zu werden scheinen, und in allen den von diesem Mangel unabhängigen moralischen oder physischen Ursachen, welche den menschlichen Körper vorzeitig schwächen und zerstören. Diese Hemmnisse, die mit mehr oder weniger Kraft beständig in jedem Volk wirksam sind, und die Volkszahl auf dem Niveau der Nahrungsmittel erhalten, können unter zwei allgemeine Kapitel rangiert werden, die vorbauenden und die positiven Hemmnisse. Das vorbauende Hemmnis ist, so weit freiwillig, dem Menschen eigentümlich und entspringt aus der unterscheidenden Überlegenheit seiner Vernunftkräfte, die ihn entfernte Folgen zu berechnen befähigen. Die Hemmnisse der unbegrenzten Vermehrung von Pflanzen und unvernünftigen Thieren sind sämtlich entweder positiv, oder wenn vorbauend, unfreiwillig." [1]

d) Die Formeln, die als die bedeutungsvollsten in den einleitenden Kapiteln gewöhnlich angesehen werden, sind:

1. „Die Bevölkerung hat die beständige Tendenz zur Vermehrung über die Nahrungsmittel hinaus." [2] Und in anderen Worten:

2. „Die Bevölkerung ohne Hemmungen nimmt in einem geometrischen Verhältnis zu," [3] während die Nahrungsmittel „nicht schneller als in einem arithmetischen Verhältnis vermehrt werden können." [4]

e) Noch wichtiger meines Erachtens als diese nicht besonders im Text ausgezeichneten Sätze sind die formell von Malthus am Ende des zweiten Kapitels aufgestellten Thesen ("propositions"):

1. Die Bevölkerung [5] ist notwendig durch die Nahrungsmittel [6] begrenzt.

---

[1] M. 7.
[2] M. 2.
[3] M. 4.
[4] M. 6 S. 491 Anmerkung.
[5] M. „Population", Stöpels Übersetzung: „Volksvermehrung". Hegewisch: „Volksmenge" Bd. I, 25.
[6] M. „Means of Subsistence"; Stö: „Unterhaltsmittel; Heg: „Die Masse der Nahrungsmittel".

2. Die Bevölkeruug [1]) steigt immer da, wo die Nahrungsmittel steigen, wenn sie nicht durch einige sehr mächtige und auffallende Hemmnisse daran verhindert wird.

3. Diese Hemmnisse und die Hemmnisse, welche die überlegene Kraft der Bevölkerung unterdrücken und ihre Wirkungen auf demselben Niveau mit den Nahrungsmitteln halten, sind sämtlich in moralischen Zwaug, Lasten und Elend auflösbar. [2])

Diese drei Thesen will er beweisen, denn sogleich sagt er: „Der erste dieser Sätze bedarf kaum der Erläuterung. Der zweite und der dritte werden durch eine Übersicht der direkten Hemmnisse in dem vergangenen und gegenwärtigen Gesellschaftszustand hinreichend begründet werden." [3]) Die Wahrheit des ersten (als a bezeichneten) Satzes „wird aus einer Übersicht der verschiedenen Gesellschaftsstufen, auf denen der Mensch existiert, hinreichend klar hervorgehen," [4]) und die der beiden Theile des zweiten (als b bezeichneten) Satzes glaubte er schon iu den ersten sechs Seiten festgestellt zu haben. [5]) Er glaubte, das aufgestellte Hauptprinzip sei so unwiderleglich, dafs, wenn er sich lediglich auf allgemeine Ansichten beschränkt hätte, er sich in eine unbezwingbare Festung hätte einschliefsen können. Nur weil er über allgemeine Ansichten hinausgeheu und alle Folgen erwägen wolle, die daraus notwendig fliefsen, habe er, wie er sagt, „wahrscheinlich sehr ernster Kritik Thor und Thür geöffnet." [6]) Um dieses „unwiderlegliche Prinzip" jedoch hat ein in der Geschichte der National-Ökonomie merkwürdiger Kampf getobt. Ein solches Ereignis weist auf ein gegenseitiges Mifsverständnis hin, und in der That machen auf der einen Seite die Vertheidiger von Malthus den Gegnern den Vorwurf, dafs sie ihn nicht verstanden haben, es sei nur nötig sein Buch zu lesen u. s. w.; auf der anderen Seite behauptet man, die gauze Lehre sei grundfalsch. Der Kritik ist also eine Untersuchung der in den Ausdrücken von Malthus liegenden Ursachen des Mifsverständnisses zu Grunde zu

---

[1]) M. „Population"; Stö: „Die Bevölkerung"; Heg: „Die Volksmenge".

[2]) M. 12.

[3]) M. 13.

[4]) M. 2.

[5]) M. 491.

[6]) Vorrede zur zweiten Auflage VII.

legen und sein Wortgebrauch ist durch genaue Vergleichung des
Nähern festzustellen.

§ 4. In welchem Sinne braucht Malthus das Wort Tendenz in
dem Satze: „Die Bevölkerung hat die beständige Tendenz zur Vermehrung über die Nahrungsmittel hinaus?“

a) Eine vielacceptierte Auslegung desselben ist, dafs die Erde
steigend dichter bevölkert werden wird, und da sie nur eine gewisse
Masse von Nahrungsmitteln produzieren kann, die Menschheit unvermeidlich dem Elende in der Gegenwart und Zukunft unterworfen
ist. Diese Auslegung wird populär folgenderweise ausgedrückt: „Es
ist der fixe, axiomatische Glaube der gelehrten Welt, dafs der Druck
der Volksmenge gegen die Nahrungsmittel immer der Zustand der
Menschheit bleiben muss“. [1]) Dieser Idee ist die Nationalökonomie
ihren Ruf als die düstere Wissenschaft schuldig. Auch in wissen-
schaftlichen Kreisen findet man diese Auslegung. Daher rührt der
Versuch, Malthus durch den Nachweis zu widerlegen, dafs die Bevölkerung der Erde heutzutage nicht gröfser sei, als sie im Altertum
war. [2]) Ein berühmter Zeitgenosse scheint die Lehre so zu verstehen:
„Es ist sicher, dass die Lehre von Malthus in der Gegenwart kaum
eine Anwendung hat und dass während mindestens zweier oder dreier
Jahrhunderte, vielleicht länger, sie keine haben zu können scheint . . .
Wenn man ausserdem die Weltteile, die noch wenig bevölkert sind,
in Betracht zieht, bemerkt man, dass die europäischen Völker innerhalb mehrerer Geschlechter kaum sich über das berühmte Gesetz von
Malthus, d. h. das Mifsverständnis zwischen der Tendenz zur Ver-
mehrung der Bevölkerung und der Möglichkeit der Vermehrung der
Nahrungsmittel, zu sorgen haben.“ [3])

Nach dieser Auslegung bedeutet Tendenz eine thatsächliche Bewegung der Bevölkerung, d. h. eine Vermehrung der Volksmenge,
nicht notwendigerweise in jedem Augenblick oder jedem Jahre, wohl
aber in jeder genügend langen Periode, die in Betracht kommt. An
einigen Stellen braucht Malthus das Wort in einem Zusammenhang
wo es diese Bedeutung hat,[4]) wie es auch bei seinen Anhängern zuweilen der Fall ist.[5])

---

[1]) Portland Oregonian Aug. 1892, Artikel „Malthus stays with us.“

[2]) z. B. Henry George, Bd. II, Kap. 2.

[3]) Leroy-Beaulieu, Précis d'économie politique, Paris 1891, 340.

[4]) Senior, Political Economy fr. 45—6. Andere Beispiele s. § 6 c. dieser
Arbeit.

[5]) Mc Culloch, citirt von Senior a. a. O.

b) Andere verstehen das Wort anders, in der Weise, dafs Tendenz der Bevölkerung den in ihr bestehenden Trieb und die Fähigkeit sich zu vermehren bedeutet.[1]) Nach einem ist „die Behauptung, dafs die Bevölkerung die Tendenz habe, sich in geometrischer Progression zu vermehren, der Ausdruck für die natürliche Fruchtbarkeit der Menschen."[2])

c) Erzbischof Whately hat auf die Zweideutigkeit des Wortes Tendenz hingewiesen.[3]) Er sagt: „Mit einer Tendenz gegen ein bestimmtes Resultat meint man zuweilen das Vorhandensein einer Ursache, die, wenn sie ungehindert wirkte, dieses Resultat producieren würde. ... Aber es wird auch zuweilen eine Tendenz gegen ein bestimmtes Resultat so verstanden, dafs es das Vorhandensein einer solchen Sachlage, dafs man das Vorkommen des betreffenden Resultats erwarten kann, bedeutet." Diese zwei Bedeutungen entsprechen fast denen, welche in umgekehrter Ordnung oben erwähnt sind, und in dieser Erklärung glaubte man[4]) die darin enthaltene Zweideutigkeit definitiv aufzuheben. Dies ist aber nicht der Fall.

d) Malthus selber versuchte in einem Briefe an den Economisten Senior folgenderweise sich über diesen Punkt zu erklären:[5]) „Der Sinn, den ich mit dem Ausdruck [dass die Bevölkerung eine Tendenz hat, sich schneller als die Nahrungsmittel zu vermehren, erklärt Mr. Senior], gegen welchen sie Einwendungen machen, ausdrücken wollte, war, dass die Bevölkerung stets bereit und geneigt ist, sich schneller als die Nahrungsmittel zu vermehren, wenn die Hemmnisse, die sie zurückdrängen, beseitigt sind; und vielleicht möchten diese Hemmnisse derartige sein, dafs sie das Anrücken der Bevölkerung auf die Nahrungsmittel zu verhindern oder selbst sie in einer gröfseren Entfernung davon zu halten im Stande sind; doch gleichviel, ob die Bevölkerung thatsächlich schneller als die Nahrungsmittel steigt, oder die Nahrungsmittel schneller als die Bevölkerung, so ist es wahr, dafs, neue Kolonien in günstigen Umständen ausgenommen, die Bevölkerung stets gegen die Nahrungsmittel drängt und stets bereit ist, schneller zuzunehmen, als die Nahrungsmittel thatsächlich steigen."

---

[1]) z. B. Robert von Mohl.
[2]) Georg Hansen, „Die drei Bevölkerungsstufen", München 1889 4, 10.
[3]) Lectures on Pol. Econ. Lecture 9, citirt von Senior a. a. O.
[4]) Senior a. a. O. 50.
[5]) Senior a. a. O. 46.

Diese Erklärung enthält nicht nur Widersprüche, sondern ist auch im wesentlichen blofs eine Redefigur. Die Bedeutung eines Wortes bleibt nie von dem Zusammenhang, worin es steht, völlig unbeeinflusst und zur Beseitigung der Zweideutigkeit muss man die verschiedenen Begriffe „der Bevölkerung" des Genaueren bestimmen.

§ 5. a) Das Wort Bevölkerung sollte in der Diskussion über die Bevölkerungsfrage die Bedeutung haben: Die Anzahl der gleichzeitig auf einem bestimmten Gebiete lebenden Menschen. Also sagt man „eine zahlreiche Bevölkerung" hinsichtlich der absoluten Zahl der Menschen oder „eine dichte Bevölkerung" hinsichtlich der verhältnismäfsig grofsen auf einer Grundfläche wohnenden Anzahl. Indem man das Wort in diesem Sinne anwendet, betrachtet man die Menschen als Einheiten und die Bevölkerung als die Summe dieser Einheiten. Wenn man also sagt „die Bevölkerung vermehrt sich", ist nur an die gröfsere Anzahl der Menschen zu denken, nicht an eine der Bevölkerung innewohnende Kraft, sich zu vermehren; desgleichen „die Bevölkerung vermindert sich" erinnert nicht an eine solche Kraft, sich zu vermindern. Die Bevölkerung ist ein in Ziffern zu einem bestimmten Moment ausdrückbares Resultat der Wirkung von vielen Ursachen (Ein- und Auswanderung, Geburten und Todesfälle), aber diese Ursachen der Vermehrung oder Verminderung sind nicht ein Teil des Begriffs Bevölkerung; ebensowenig sind die körperlichen und geistigen Eigenschaften der Einzelnen, aus welchen die Bevölkerung besteht, ein Teil desselben.

Es bedarf kaum der Beispiele, um zu zeigen, dass Malthus das Wort in diesem fundamentalen und einfachen Sinne gebraucht hat. Wir zitieren aber folgende Stellen:

„Die Schilderung zeigt, wie viel mehr die Bevölkerung von der Nahrungsmittelerzeugung . . . als von den Geburten abhängt." [1]

„Die Krankheitsperioden in Schweden hielten den Schritt der Zunahme der Bevölkerung auf." [2]

„Die Folgen [einer Prämie auf Kinder in Afrika] würden wahrscheinlich in . . . grosser Zunahme der Not, aber wenig oder gar nicht in einer wirklichen Zunahme der Bevölkerung bestehen." [3] Hier ist zu bemerken der Gebrauch des Wortes „wirklichen". Ist es eine reine Tautologie oder ist es vielmehr eine unklar bewusste An-

[1] M. 77.
[2] M. 142.
[3] M. 73.

erkennung seitens des Autors, dafs eine Zunahme der Geburten auch als Zunahme (increase) der Bevölkerung zu bezeichnen wäre?

„In den Ländern, welche periodischen Krankheiten unterworfen sind, wird die Zunahme der Bevölkerung oder der Überschuss der Geburten über die Todesfälle in den Zwischenräumen dieser Perioden gröfser sein u. s. w." [1] Hier definiert Malthus den Ausdruck Zunahme der Bevölkerung derweise, dafs seine Bedeutung mit derjenigen in den oben gegebenen Citaten nur ausnahmsweise übereinstimmt. Er lässt das Moment der Wandelungen ausser Betracht.

b) Schon in den gegebenen Beispielen sind die Anfänge einer Abweichung von der einfachen Form des mit dem Wort Bevölkerung verbundenen Begriffs bemerkbar. Ich gehe jetzt zu einer viel complicierteren und viel schwankenderen Form des Begriffs über. Sie ist eine Fortbildung der früheren und entsteht dadurch, dass die Bevölkerung nicht nur als Quantität, sondern als mit Qualitäten begabt betrachtet wird. Es werden die körperlichen, geistigen und moralischen Eigenschaften der Individuen, aus welchen die Bevölkerung besteht, zu einem Teile ihres Begriffes. So spricht man von „einer fleifsigen Bevölkerung", oder von „einer intelligenten Bevölkerung". Man nimmt einen mehr oder weniger unbestimmten Durchschnitt der betreffenden Eigenschaften an, und in diesem Grade schreibt man sie der Bevölkerung als Einheit zu. Die Bevölkerung wird personifiziert, und damit ist ein Schritt gethan, der vom Standpunkt der Dichtkunst ein glücklicher sein könnte, der aber klarem, wissenschaftlichem Denken geradezu verhängnissvoll ist.

c) Die Bevölkerung in diesem Sinne hat viele Kräfte, aber Malthus braucht den Ausdruck „die Kraft der Bevölkerung" mit dem bestimmten Artikel als ob sie nur eine Kraft hätte, oder als ob wenigstens eine Kraft die allerwichtigste, die Kraft par excellence wäre. Die Bedeutung dieses Ausdrucks lässt sich aus folgenden Beispielen genauer bestimmen:

„Das von mir als moralischer Zwang bezeichnete Hemmnis hat sicherlich an der Zurückdrängung der natürlichen Kraft der Bevölkerung einigen Anteil gehabt, . . . ein grofser Teil jedoch der Zeugungskraft scheint in Thätigkeit gesetzt worden zu sein; aber der Überflufs wurde durch gewaltsame Ursachen zurückgedrängt." [2] Der

---

[1] M. 258.
[2] M. 124.

Zusammenhang zeigt, dafs der Gedanke des Autors bei dem Ausdruck „die Kraft der Bevölkerung" besonders auf die physische Thätigkeit Kinder zu erzeugen, gerichtet ist, welche die Bevölkerung in bildlichem Sinne besitzt. Aber ein Widerspruch dabei ist, dafs er „gewaltsame Ursachen" im allgemeinen, d. h. den Tod, als eine Zurückdrängung dieser Kraft erwähnt. Das kommt wahrscheinlich dadurch, dafs vom Gedanken der Kraft der Kindererzeugung zum Gedanken einer Kraft, eine wirkliche Vermehrung der Bevölkerung zu veranlassen, übergegangen wird.

„In jeder Periode des Fortschritts des Ackerbaues vom ersten Momente bis zu der Zeit, wo die ganze Erde einem Garten gleich geworden wäre, müfste sich [unter einem System der Gleichheit] die Nahrungsmittelnot beständig allen Menschen fühlbar machen. Die Produktion der Erde würde zwar jedes Jahr steigen, die Bevölkerung aber würde die Kraft haben, sich viel schneller zu vermehren, und diese überlegene Kraft [1] mufs notwendig durch die periodische oder beständige Wirksamkeit moralischen Zwangs, herrschenden Lasters oder Elends gehemmt werden." [2]

Malthus nimmt hier an, dafs die Zahl der Menschen sich mit gleichem Schritt vermehrt wie die Nahrungsmittel. Indem er also voraussetzt, dafs die Nahrungsmittel steigen, findet hier eine („wirkliche") Vermehrung der Bevölkerung statt. Aber eine wirkliche Vermehrung der Bevölkerung kann nicht schneller als die Vermehrung der Nahrungsmittel vor sich gehen, die Bevölkerung also hat nicht die Kraft sich schneller als die Nahrungsmittel zu vermehren, in irgend einer Periode, zu deren Anfang (wie hier der Fall) ein Überschufs der Nahrungsmittel nicht vorhanden ist. Dies wäre eine natürliche Unmöglichkeit, wie Malthus betont. Diese Kraft der Bevölkerung also bedeutet hier einfach die Zeugungskraft (wie Stöpel hier das Wort power übersetzt) die in den einzelnen Menschen oder vielmehr in den Menschenpaaren bestehend, auf die personifizierte Bevölkerung übertragen wird.

§ 6. a) Und jetzt kommen wir auf das Wort „Tendenz" zurück. Diese Zeugungsfähigkeit ist nur in dem Menschenpaar vorhanden, und nur dann, wenn die männlichen und weiblichen Elemente zusammenkommen. Aber in dem Einzelnen samt einem Teile der Be-

---

[1] Stöpel übersetzt als „Zeugungskraft".
[2] M. 263.

dingungen besteht der Geschlechtstrieb, der, dem gewöhnlichen und dem Malthusschen Sprachgebrauch nach, „eine Tendenz hat" die Geschlechter zusammen zu bringen. Mit „Tendenz" wird hier bezeichnet, dafs ein Motiv der Handlung besteht, dafs je nachdem andere stärkere Motive vorhanden sind oder nicht, bestimmend oder nichtbestimmend für die Handlung sein kann. Wenn dieser Geschlechtstrieb, dieses Motiv der Menschen abstrahiert und auf die Bevölkerung übertragen wird, spricht man von „der Tendenz der Bevölkerung sich zu vermehren."

„Der oberflächliche Blick auf die verschiedenen Länder Europas zeigt mit einer für den Beweis hinreichenden Kraft, dafs für alle praktischen Zwecke die natürliche Tendenz der Bevölkerung zum Steigen als eine gegebene Quantität [1]) betrachtet werden kann und dafs die praktische Zunahme in jedem Lande ... durch die wechselnden Hilfsquellen für den Unterhalt der Arbeitskräfte reguliert wird." [2])

„Die natürliche Tendenz zur Vermehrung ist überall so grofs, dafs es im allgemeinen leicht sein wird, die Höhe zu erklären, auf welcher die Bevölkerung in jedem Lande steht. ... Die Zeugungskraft würde ebenso leicht die Bevölkerung Chinas verdoppeln wie diejenige irgend eines der Staaten Amerikas. ... Was wird mithin aus dieser mächtigen Kraft in China werden?" [3])

„Bezüglich Schwedens beweisen [die Schwankungen in der Anzahl der Geburten nach der Gröfse der Ernten] deutlich, dafs dessen Bevölkerung eine sehr starke Tendenz zur Vermehrung hat, und dafs sie nicht allein stets bereit ist, mit der gröfsten Lebhaftigkeit einer Durchschnittszunahme der Unterhaltsmittel zu folgen, sondern bei jeder vorübergehenden und gelegentlichen Nahrungszunahme einen starken Aufschwung nimmt." [4])

Diese Ausdrücke bieten Schwierigkeiten und man mufs sich zu ihrer Auslegung besonders der Unterschiede zwischen den zwei Be-

---

[1]) Malthus sagt anderswo [517]: „Obwohl aber Weyland auch nicht annähernd den Beweis erbracht hat, dafs die natürliche Zunahmetendenz der Bevölkerung nicht unbeschränkt sei," u. s. w. Von dem Zusammenhang einer schon citirten Stelle [p 4 d 1] wird man vielleicht berechtigt zu sagen, dafs er die Tendenz als ein geometrisches Verhältnis ausdrücken wollte. Also drückt er die Tendenz mathematisch in drei Weisen aus: 1. als eine gegebene Quantität; 2. als unbeschränkt, aber unendlich; 3. als ein geometrisches Verhältnis.

[2]) M. 520. Anhang, 1817.
[3]) M. 106.
[4]) M. 137.

griffen von Bevölkerung klar bewußt bleiben. In obigen Beispielen braucht Malthus dieselben und andere ähnliche Ausdrücke wie die schon hinsichtlich „der Tendenz der Bevölkerung" zitierten: „die Bevölkerung ist bereit", „mit der größten Lebhaftigkeit", wie früher zitiert [1]), „die Bevölkerung ist stets bereit und geneigt", „die Bevölkerung ist stets bereit zu beginnen" u. s. w., sämtlich Redensarten, die man nur bezüglich eines Wesens mit Willen und Gefühlen, ohne bildlich zu sprechen, anwenden kann. Dasjenige Motiv, derjenige Trieb, der in dem Einzelnen wohnt, ist als das Motiv, die Tendenz, der gesamten personifizierten Bevölkerung angesehen. Dieser Trieb besteht gewöhnlich nicht ohne die Fähigkeit der Zeugung und diese zwei bleiben nicht deutlich in dem Gedanken getrennt. Im zweiten der drei Beispiele spricht Malthus also von „der natürlichen Tendenz" in Zusammenhang mit der Zeugungskraft, als ob sie ein und dasselbe wären. Auch im ersten sagt er: die natürliche Tendenz der Bevölkerung zum Steigen kann also als eine gegebene Quantität betrachtet werden", und einige Seiten früher, offenbar mit demselben Gedanken, sagt er: „Weder die Theorie noch die Erfahrung berechtigt uns, zu glauben, daß die Leidenschaft zwischen den Geschlechtern oder die natürliche Fruchtbarkeit der Frauen sich mit dem Fortschritte der Gesellschaft vermindert." [2]) Auch wenn er das Beispiel der Gewalt eines Flintenschusses gebraucht [3]) sagt er: Ich hielt es für einen richtigeren und berechtigteren Schluß . . . zu sagen, die natürliche Tendenz zu einer Schußweite von gewisser Größe oder die der Kugel verliehene Kraft sei stets dieselbe."

b) Diese Textstellen samt der Gegenüberstellung im ersten Beispiele von „der natürlichen Tendenz der Bevölkerung zum Steigen" und „der praktischen Zunahme" sind der Beweis, daß die Tendenz der Bevölkerung zur Vermehrung, wie sie Malthus in vielen Fällen braucht, von der Bedeutung einer „praktischen" oder „wirklichen" Zunahme ganz und gar frei ist. Ich erlaube mir zu wiederholen, was aus dem Vorhergehenden betreffs der Gedankenreihe des Malthus zu schließen gerechtfertigt scheint: Der Geschlechtstrieb ist ein kräftiges Motiv des einzelnen Menschen, also hat der Mensch eine Tendenz zum geschlechtlichen Verkehr; gewöhnlich kann mit dem Geschlechtstrieb

---

[1]) § 4 d.)
[2]) M. 515. Die Worte: „diminishes in the progress of society", übersetzt Stöpel unrichtig „sich mit der Zunahme der Bevölkerung vermindert."
[3]) M. 516.

die Fruchtbarkeit vorausgesetzt werden, als Folge des Verkehrs unter
normalen Verhältnissen Kindererzeugung angenommen werden. Der
Mensch hat also „eine Tendenz zur Vermehrung seiner Gattung".[1]
Auf die Bevölkerung, die Gesamtheit der Menschen auf einem Ge-
biete, wird diese Tendenz bildlich übertragen, „die Bevölkerung hat die
Tendenz zur Vermehrung."

c) Der Zweideutigkeit, die unvermeidlich durch die Beziehung
der Tendenz auf die verschiedenen Begriffe der Bevölkerung entsteht,
ist Malthus nicht entgangen. Wie leicht er zu dem Gedanken übergeht, dafs eine wirkliche Volksvermehrung immer stattfindet, wo durch
die Nahrungsmittel die Möglichkeit geboten wird, und dafs dadurch
den unteren Klassen alle Möglichkeit der Verbesserung ihres Zu-
standes geraubt wird, zeigen folgende Zitate:[2]

„Es gibt ... wenige Staaten in denen sich nicht die Bevölkerung
über das Mafs der Nahrungsmittel zu vermehren strebt. Diese Tendenz hat beständig die Wirkung, die niederen Gesellschaftsklassen der
Not zu unterwerfen, und eine grofse und dauernde Verbesserung ihrer
Lage zu verhindern."[3]

„Die beständige Tendenz zur Bevölkerungsvermehrung[4], die sogar in den lasterhaftesten Völkern wirksam ist, vermehrt die Volkszahl, bevor die Unterhaltsmittel vermehrt sind."[5]

„Wo wegen des Standes des Ackerbaues und aus anderen Gründen die dem Arbeiter durchschnittlich zugebilligte Nahrungsmenge
bedeutend mehr als hinreichend ist, um eine stillstehende Bevölkerung
zu erhalten, erscheint es ganz natürlich, dafs die Verminderung dieser
Menge wegen der Tendenz der Bevölkerung zur Zunahme einer der
mächtigsten und beständigsten Antriebe zum Ackerbau sein mufs."[6]

„Nach dem Bevölkerungsprinzip hat die menschliche Gattung die
Tendenz sich schneller als die Nahrung zu vermehren. Sie hat also
eine beständige Tendenz ein Land ganz bis auf die Grenzen der Nahrungsmittel zu bevölkern."[7]

„In Amerika ist der Arbeitslohn gegenwärtig hoch. ... Es darf
erwartet werden, dafs bei fortschreitend zunehmender Bevölkerung

---

[1] M. 2.
[2] S. auch früher S. 6 Anmerkung 4.
[3] M. 9.
[4] M. „the constant effort towards population".
[5] M. 9.
[6] M. 384.
[7] M. 384 Anmerkung, nicht von Stöpel übersetzt.

Amerikas die Arbeiten mit der Zeit weniger gut werden gelohnt werden."[1]

d) Es zeigt sich also, dafs Malthus nicht unbeeinflufst von den verschiedenen Bedeutungen geblieben ist. Unzweifelhaft hat die Zweideutigkeit des Wortes Tendenz, wie sie bei Malthus vorhanden ist, viel zu dem gegenseitigen Mifsverständnis späterer Widersacher beigetragen. Eine Bedeutung ist: eine Kraft, die in einer gewissen Richtung auf einen Körper wirkt, und also wenn keine andere Kraft vorhanden ist, bestimmend für die Bewegung ist. Im physischen Gebiete setzt man anstatt Kraft „Motiv", und anstatt Körper ein handelndes Subjekt. Der Geschlechtstrieb hat eine Tendenz den Menschen zur Kindererzeugung zu veranlassen, und die Geburten haben die Tendenz die Bevölkerung zu vermehren, obgleich gleichzeitig die Tendenz der Todesfälle die Bevölkerung zu vermindern noch gröfser ist. Aber wiederum sagt man, dafs es das Ding selbst ist, welches die Tendenz hat; d. h. indem mehrere Kräfte auf das eine Ding gleichzeitig wirken, hat das Ding eine Tendenz nach der Richtung, wohin im grofsen und ganzen es sich bewegt. Der Wind und der Strom haben alle beide die Tendenz das Schiff nordwärts zu bewegen, die Treibkraft des Schiffes hat die Tendenz es südwärts zu treiben, und endlich das Schiff hat aber nur eine Tendenz und zwar in die Richtung der stärkeren Kraft. Und so wäre es mit der Bevölkerung. wenn man den einfachen Begriff festhält; sie hat nur eine Tendenz, diejenige der gewöhnlichen Bewegung. Nur von einer Bevölkerung. die in irgend einer in Betracht kommenden Periode zunimmt, kann man sagen, „die Bevölkerung hat eine Tendenz zur Vermehrung" und dem einfachen Begriffe treu bleiben. Aber indem man zu dem komplizierten Begriffe der Bevölkerung übergeht, denkt man nicht an die Zunahme, sondern an den Trieb, der, wenn er allein bestimmend wäre, eine Zunahme veranlassen würde.

Derjenige Gebrauch des Wortes Tendenz kann allein in der Behandlung der Bevölkerungsfrage zweckmäfsig sein, der es erlaubt, die gewöhnliche und einfache Bedeutung der Bevölkerung festzuhalten; und Zweckmäfsigkeit mufs in solchen Fällen entscheidend für den Sprachgebrauch sein.

§ 7. Der Titel des Malthus'schen Versuches ist: „Über das Be-

---

[1] M. 260. S. auch 4, „The process of improving etc." u. 385 „With regard to etc."

völkerungspriuzip" (on the principle of population) und es fragt sich, was wir darunter zu verstehen haben.

a) „Prinzip" wird als eine Regel der Handlung für Personen, für Dinge als eine Formel oder Aussage ihrer beobachteten Verhältnisse zu anderen Dingen gebraucht. Der Titel scheint uns also die Aussage über das Verhältnis zwischen der Anzahl der Menschen und etwas anderem, z. B. der Summe der ihnen zur Verfügung stehenden Nahrungsmittel, oder zwischen der Zunahme der Nahrungsmittel und der Zunahme der Bevölkerung zu versprechen. Malthus braucht den Ausdruck wo diese Auslegung die wahrscheinliche scheint. Beispiele:

„Der Bauer, der uns später an die Quelle der Orbe führte, ging noch näher auf den Gegenstand ein und schien das Bevölkerungspriuzip so gut zu kennen, wie irgend einer, dem ich je begegnet bin." [1]

„Die Thatsachen sind eine auffallende Erläuterung des Bevölkerungspriuzips." [2]

b) Er braucht zunächst das Wort Prinzip im Sinne eines Prozentsatzes der Zunahme.

„Allein es ist klar, dafs, wenn es irgend ein Prinzip der Zunahme (Principle of increase) gibt, d. h. wenn eine Ehe in der gegenwärtigen Generation mehr als eine Ehe in der nächsten liefert (mit Einschlufs zweiter und dritter Ehen), die Zunahme desto geschwinder sein wird, je schneller diese Generation verglichen mit dem Dahinschwinden einer Generation durch den Tod, sich erneuert." [3]

c) Noch eine Bedeutung scheint das folgende Beispiel zu liefern:

„Bei diesen Sitten und dem Unternehmungs- und Wandergeist, der alle Furcht vor Familiensorgen beseitigt, lässt sich schwerlich ein Volk mit einem stärkeren Prinzip der Zunahme denken." [4]

Malthus spricht hier von dem „Wandergeist" und einige Zeilen weiter sagt er, dafs keine „grofse Zunahme der Volkszahl" stattfand. Also ist die Zunahme, wovon er spricht, nicht eine „wirkliche Zunahme" der Bevölkerung. Stöpel übersetzt den Ausdruck, „ein Volk mit einem stärker ausgeprägten Vermehrungstrieb".[5] Hegewisch über-

---

[1] M. 174.
[2] M. 215.
[3] M. 238.
[4] M. 54.
[5] Stöpel 85.

setzt ihn: „So ist schwerlich eine Gesellschaft denkbar, in der noch
stärkere Triebfedern stattfinden könnten." [1]) Ich lege es folgenderweise aus: „ein Volk, in dem die Vereinigung der Umstände für die
Verwirklichung der physiologisch möglichen Fruchtbarkeit günstiger
sein könnte."

d) Ein vierter Gebrauch entsteht dadurch, dass das Prinzip
nicht mehr als eine Formel, sondern sogar als eine Energie, die beständig strebt die Bevölkerung zu vermehren, und zwar lediglich
durch Vermehrung der Geburten, gedacht wird. Hier erscheint wieder die Personifikation der Bevölkerung, und die Ausdrücke Bevölkerungsprinzip und Vermehrungsprinzip (principle of population
and principle of increase) werden fast gleichbedeutend mit „Kraft der
Bevölkerung" oder „Tendenz der Bevölkerung", wie früher citiert.
Dieser Gebrauch zeigt sich in den folgenden Beispielen:

„Das Prinzip der Vermehrung in Ägypten thut dermalen alles,
was für das Land zu thun möglich ist; es hält die Bevölkerung vollständig auf dem Niveau der Unterhaltsmittel; und wenn seine Kraft
zehnmal grösser wäre, als sie es wirklich ist, könnte es nicht mehr
thun." [2])

„Es setzt die Kraft jenes Prinzip der Vermehrung, welches eine
Bevölkerung . . . vollständig auf dem Niveau der Lebensmittel hält,
ins hellste Licht." [3])

„Es wird nicht behauptet, dass diese Hemmungen unter besonderen Umständen mit ungewöhnlicher Kraft wirkend, in einigen
Fällen nicht mächtiger sein können als das Prinzip der Vermehrung." [4])

Sein gegenwärtiger elender Zustand (Ägyptens) ist nicht durch
die Schwächung des Prinzips der Vermehrung, sondern durch die
Schwächung des Prinzips des Fleifses und der Vorsorge . . . verursacht. [5])

„Wenn aber auch das Prinzip der Bevölkerung Hungersnot
nicht absolut hervorbringen kann, so bereitet es doch in der voll-
kommensten Weise den Weg dafür." [6])

---

[1]) Hegewisch 94.
[2]) M. 78.
[3]) M. 77.
[4]) M. 32.
[5]) M. 78.
[6]) M. 256.

„Es ist also offenbar Einrichtung und Lenkung, nicht aber Verringerung oder Änderung des Prinzips der Bevölkerung erforderlich." [1])

In dem 2. und 5. Beispiel nähert sich die Bedeutung dem Gedanken, den wir später als den Hauptgedanken der Malthusschen
Theorie ausführlicher zu besprechen haben. In den anderen Stellen
könnten scheinbar die Ausdrücke „Kraft der Bevölkerung" und „Tendenz der Bevölkerung" als gleichbedeutend gebraucht werden. Wenn
wir also in dem Titel des berühmten Werkes diese Bedeutungen einfach substituieren, und in dem Zusammenhang spricht nichts dagegen,
bekommen wir: Versuch über den Geschlechtstrieb (oder die Zeugungskraft, oder die Fruchtbarkeit des Menschen). In dieser Form
würde der Titel nicht Anlaſs zu der Erwartung geben, daſs hier ein
Bevölkerungsprinzip im ersten erwähnten Sinne des Wortes zu finden
sei, d. h. eine Formel für das Verhältnis zwischen einerseits den
Nahrungsmitteln und andererseits der Bevölkerung und ihrer Zunahme. Ich behaupte nicht, daſs diese ganz andere vorgeschlagene
Auslegung des Titels die allein richtige sei, sondern nur, daſs sie
eine mögliche wäre, indem für die Auslegung des Titels das ganze
Buch den einzigen Anhalt bildet. Im Gegenteil wird unsere weitere

---

[1]) M. 396.

Zum Zwecke des Vergleichs gebe ich hier die in Betracht kommenden Ausdrücke in den sechs Beispielen wie sie in dem Englisch von Malthus (M.) und
den Übersetzungen von Stöpel (S.) und Hegewisch (H.) gegeben werden:

1. M. The principle of increase; S. das Zunahmeprinzip; H. die Fruchtbarkeit der Einwohner I. 125.

2. M. The force of that principle of increase; S. die Kraft jenes Ver-
mehrungsprinzips.

3. M. The principle of increase; S. das Prinzip der Volksvermehrung;
H. das Prinzip der Volksvermehrung I, 56.

4. M. The principle of increase; S. der Vermehrungstrieb; H. die Produktivität der Einwohner I. 125.

5. M. The principle of population; S. das Bevölkerungsprinzip; H. Eine
zu rasche Volkszunahme.

6. M. The principle of population; S. das Bevölkerungsprinzip; H. die
Produktivkraft des Menschen II. 155.

Der Ausdruck „principle of increase" wird jedesmal anders von Stöpel
übersetzt: 1. Zunahmeprinzip; 2. Vermehrungsprinzip; 3. Prinzip der Volksvermehrung; 4. Vermehrungstrieb. Die entsprechenden Übersetzungen von Hegewisch (der Ausdruck fehlt einmal in der dritten Auflage) sind: 1. Fruchtbarkeit
der Einwohner; 3. Prinzip der Volksvermehrung; 4. Produktivität der Einwohner.

Untersuchung zeigen, daſs der Hauptgedanke des Malthusschen Werkes (obgleich nicht gewöhnlich als solcher anerkannt) den Anspruch macht, ein wirkliches Bevölkerungsprinzip zu sein. Malthus glaubte, er habe ein wahres Prinzip aufgestellt. Es zeigt sich aber, daſs er nicht in jedem Augenblick darüber völlig klar war, was es war, daſs sein Wortgebrauch in hohem Maſse ungenau ist, und infolgedessen ist es nicht erstaunlich, wenn andere darüber sich geirrt haben.

§ 8. Zunächst mache ich es mir zur Aufgabe, die Resultate der Untersuchung über den Wortgebrauch von Malthus anzuwenden in der Prüfung der Sätze und Thesen, die den Kernpunkt seiner Lehre enthalten. Die Kritik der als a und b bezeichneten Sätze wird bis später vorbehalten, und ich fange mit der Kritik der drei Thesen gleich an.

1. These: „Die Bevölkerung ist notwendigerweise durch die Nahrungsmittel begrenzt.“ [1]

Dieser Satz, sagt Malthus, „bedarf kaum der Erläuterung“. Er ist mit einer früher gemachten Behauptung scheinbar identisch: die Bevölkerung kann in Wirklichkeit niemals über das niedrigste Maſs von Lebensmittelvorräten, wodurch sie zu erhalten ist, hinauswachsen;“[2] und dies ist wahr, sagt er, kraft des Gesetzes unserer Natur, welche die Nahrung zum Leben des Menschen notwendig macht.“ Jedermann wird die Behauptung zugeben, daſs kein Mensch ohne Nahrung lange existieren kann, also dass auch eine Anzahl von Menschen es nicht thun kann. Dies ist aber offenbar nicht ein Bevölkerungsprinzip. Es behauptet nur die äuſserste Grenze der Menschenzahl die in irgend einem Lande möglich ist. Der eigentliche „Angelpunkt“ ist, wie Malthus anderswo sagt,[3] ob „der Ackerbau . . . die wirksame Ursache der Bevölkerung oder die Bevölkerung die Ursache des Ackerbaus“ sei. Die Gefahr, die in dieser einfachen These liegt, ist die, daſs man von dem Gedanken der absoluten Notwendigkeit des Lebensunterhaltes übergeht zu dem Glauben, daſs die Nahrung notwendigerweise als der bestimmende Faktor für die Bevölkerung anzusehen sei. Dies thut Malthus in den anderen Sätzen, wie wir sehen werden.

---

[1] M. 12.
[2] M. 2.
[3] M. 383.

§ 9. a) Ich behalte auch die zweite These bis später vor und gehe nun zur Prüfung der dritten über: „Die Hemmnisse, welche die überlegene Kraft der Bevölkerung unterdrücken, und ihre Wirkungen auf demselben Niveau mit den Nahrungsmitteln halten, sind sämtlich in „moralischen Zwang, Laster und Elend auflösbar."[1]) Diese bildet als Ergänzung der zwei anderen Thesen ein sehr harmonisches System, denn in der zweiten wird die Steigerung der Bevölkerung immer wo die Nahrungsmittel steigen behauptet, in der ersten die unvermeidliche Grenze dieser Steigerung gezeigt, und hier angegeben, auf welche Weise die Bevölkerung gehemmt wird, wenn sie diese Grenze zu überschreiten strebt. In den anderen Thesen jedoch wird von der Bevölkerung als Volkszahl gesprochen, hier bedeutet „Kraft der Bevölkerung" offenbar „Zeugungskraft", wie Stöpel es übersetzt; man hat plötzlich den komplizierten Begriff der Bevölkerung hereingebracht. Die Wirkungen der Zeugungskraft wenn sie ausgeübt wird, sind Geburten, und Malthus legt mit Recht Nachdruck darauf,[2]) dafs zahlreiche Geburten und eine Vermehrung der Bevölkerung nicht gleichbedeutend sind; dennoch ist es klar, dafs Malthus mit Wirkungen der Zeugungskraft hier die Bevölkerung als Volkszahl betrachtet. Die Quelle dieser Verwirrung liegt darin, dafs die Bevölkerung als Volkszahl betrachtet das Resultat von mehreren Ursachen ist, die sich durch ihre Wirkung auf die Todesfälle und Geburten geltend machen. Malthus gebraucht hier ein das Resultat bestimmendes Moment als gleichbedeutend mit dem Resultate selbst.

Es ist offenbar, dafs diejenigen Hemmnisse, die Malthus als vorbauende klassifiziert, nicht Hemmnisse der Volksvermehrung oder Verminderung der Volkszahl in dem betreffenden Moment sind, sondern Hemmnisse des Geschlechtstriebs resp. der Verwirklichung der Produktionskraft der Menschen. In dem ersterwähnten, moralischen Zwang, wird der Trieb durch andere Motive gehemmt; in dem zweiten, dem Laster, zwar der Trieb nicht beherrscht, aber die normalen Wirkungen, die Geburt von lebenden Kindern, verhindert. In dem einen Falle handelt es sich um eine Hemmung der „Tendenz" oder Neigung des Menschen zum geschlechtlichen Verkehr, in dem anderen um eine Hemmung der Resultate dieses Verkehrs. Die positiven Hemmnisse andererseits machen durch Vernichtung der lebenden Menschen

---

[1]) M. 12.
[2]) M. 123.

die Volksvermehrung langsamer. Malthus gebraucht Ausdrücke, die durch ihre Zweideutigkeit beide Ideen vereinigen, „check on population", [1] „checks to population". [2] Diese können bedeuten entweder dafs die Bevölkerung als aktives Wesen (komplizierter Begriff der Bevölkerung) wie eine Person, die etwas zu thun wünscht, gehemmt wird; oder dafs eine stattfindende Vermehrung der Volkszahl durch den „check" langsamer wird. Der deutsche Übersetzer entgeht der bildlichen Form des Ausdrucks durch die Übersetzung „Hemmung der Volksvermehrung" [3], „Hemmnis der Volksvermehrung". [4] Aber dies ist nicht ohne Schwierigkeiten. Man setze den Fall einer abnehmenden Bevölkerung; dann hemmen die vorbauenden Hemmnisse die Volksvermehrung nicht, weil keine Volksvermehrung stattfindet. Man sieht, es handelt sich hier nicht um eine Bewegung eines Gegenstandes im Raum, sondern um eine Veränderung der Zahl der Menschen. Also sind die Todesfälle resp. ihre Ursachen im Falle der Verminderung dieser Zahl der aktive oder bewegende Faktor, während die Geburten sich als Hemmnisse der Verminderung zeigen. Jede von beiden Gruppen läfst sich als aktive Ursache oder als Hemmnis der Bevölkerungsbewegung ansehen, je nachdem sie der überlegene oder der schwächere Faktor ist. Die Gefahren dieses Wortgebrauchs sind nicht so wesentlich als die von anderen erwähnten Ausdrücke, aber im allgemeinen ist das Urteil gerechtfertigt: die Theorie der c h e c k s „mufs zu einer Theorie der Hemmungs- und Förderungsmittel erweitert werden". [5]

c) Die vorbeugenden Hemmnisse haben ihre Wirkungen nicht blofs, wenn die betreffenden Individuen zu der äufsersten Grenze der Nahrungsmittel gekommen sind. Es liegt beinahe im Wesen des moralischen Zwangs und es kann immer geschehen inbezug auf die Arten von Laster, die Malthus hier klassifiziert [6]), dafs sie ihre Wirkungen als Hemmnisse der Produktionskraft haben, wenn die Men-

---

[1]) M. 2.
[2]) M. 6, 7, 8.
[3]) Stöpel 3.
[4]) Stöpel 11, 12. Das Bild wird doch an anderen Stellen der Übersetzung beibehalten; z. B. in der zweiten These ist es „sie", d. h. „die Bevölkerung", die „verhindert wird", s. oben S. 6, und daselbst wird von der „Bevölkerung ohne Hemmungen" gesprochen.
[5]) Wagner I. 1, 2. — 524.
[6]) S. S. 21 Anmerkung 1.

schen weit von einem Mangel an Nahrungsmitteln entfernt sind. Von der Annahme des Malthus, dafs die sämtlichen Hemmnisse nur so weit wirken, dafs die Bevölkerung auf dem Niveau und nicht unter dem Niveau der Nahrungsmittel bleibt, haben wir ausführlich in der Prüfung der zweiten These zu sprechen.

d) Abgesehen von den Einwänden, die gegen diesen Satz schon gemacht worden sind, scheint es, dafs auch seinem eigenen Wortgebrauch nach zu urteilen, seine Einteilung eine lückenhafte und unvollkommene ist.[1]) Die vorbeugenden Hemmnisse sind nur zweierlei, moralischer Zwang und Laster. Moralischer Zwang hat bei ihm eine bestimmte Bedeutung: „eine Enthaltung von der Ehe aus Beweggründen der Vorsicht mit einem während der Periode dieser Enthaltung genau moralischen Verhalten."[2]) Nach seiner Analyse gehört jedes andere vorbeugende Hemmnis der Abteilung „Laster" an. Es folgt also, dafs wenn die Unfruchtbarkeit der Ehe aus der Sterilität des einen Teiles entsteht und durch eheliche Treue der andere Teil unproduktiv bleibt, es ein Hemmnis der in der Gesamtheit vorhandenen Fruchtbarkeit (Fähigkeit) giebt, das, obgleich eheliche Treue genannt, entweder als Laster klassifiziert werden mufs, oder in dem Schema gar keinen Platz finden kann.

Wo beide Teile eines Ehepaares normal gestaltet sind, könnte bis zu einem gewissen Alter mindestens alle zwei Jahre, wie man annimmt[3]), eine Geburt stattfinden. Eine Verringerung der Zahl von Kindern wird nicht notwendigerweise von irgend einer der von Malthus als Laster bezeichneten Handlungen veranlasst, sondern einfach durch die Mäfsigkeit in der Ehe. Die Beherrschung der Leiden-

---

[1]) Die Malthussche Klassifikation der Hemmnisse. p. 8.

I. Vorbauende Hemmnisse a) Moralischer Zwang („Eine Enthaltung von der Ehe aus Beweggründen der Vorsicht, mit einem während der Periode dieser Enthaltung genau moralischen Verhalten." p. 8.

           b) Laster (unehelicher Verkehr, unnatürliche Leidenschaften, Verletzungen des Ehebetts, falsche Künste.)

II. Positive Hemmnisse

           a) Von vermischter Natur (Laster und Elend; sind durch Laster veranlasst und ihre Folgen sind Elend, z. B. Kriege, Excesse, andere Hemmnisse, die wir vermeiden könnten.)

           b) Elend (diejenigen Hemmnisse, die unvermeidlich aus den Gesetzen der Natur entspringen.)

[2]) M. 8.

[3]) Wappeus, citiert von Wagner I. 1. 2. 494.

schaften sowohl wie die Vorsicht müssen also, wenn sie in dem Schema von Malthus einen Platz finden sollen, unter gewissen Umständen als Laster klassifiziert werden. Es sei Laster, nicht eine möglichst grofse Zahl von Kindern innerhalb der Ehe zu erzeugen. Nur um noch eine Ungenauigkeit der Malthus'schen Behandlung zu zeigen, mache ich auf diesen Punkt aufmerksam.

§ 10. Es bleibt die gröfsere Aufgabe, diejenigen Sätze zu prüfen, die einen gröfseren Anspruch machen ein Bevölkerungsprinzip zu sein. Ich habe dem Gedanken von Malthus zu folgen gesucht, wie er von dem Geschlechtstrieb des Menschen auf „die Tendenz der Bevölkerung über die Nahrungsmittel hinaus" schliefst, und prüfe jetzt genauer diese Behauptung.

a) Der Geschlechtstrieb setzt als Zweck der menschlichen Handlung einen Akt, mit dem ein Lustgefühl, das Motiv der Handlung, verbunden ist; deswegen sagt man, „der Mensch hat die Tendenz zum geschlechtlichen Verkehr. Zu gleicher Zeit mit diesem Zweck kann ein bestimmter Mensch unter gewissen Umständen einen anderen Zweck, die Erzeugung von Kindern haben. Aber wenn das zweite Motiv nicht, oder wie in vielen Fällen gerade das Gegenteil, vorhanden ist, kann man nicht in demselben Sinne sagen, dafs der Mensch eine Tendenz zur Vermehrung seiner Gattung hat.[1]) In Bezug auf das Tier, auf einige Menschen sogar, die mit der Befriedigung des Geschlechtstriebes gar keine Vorstellung der Konsequenzen des Akts, oder Gedanken deren Vermeidung haben, ist eine Unterscheidung aber nicht wesentlich. Mit der Entwickelung und Verwickelung der menschlichen Motive wird es mehr und mehr nötig in der Betrachtung dieses Gegenstandes diesen wesentlichen Unterschied zwischen dem Menschen und dem Tiere zu erkennen. Die Tendenz des Menschen zum geschlechtlichen Verkehr ist also nicht in demselben Sinne eine Tendenz („eine Neigung") zur Vermehrung seiner Gattung, a fortiori kann man nicht von dem Geschlechtstriebe des Menschen auf eine Tendenz (in diesem Sinne) der genannten, personifizierten Bevölkerung zur Vermehrung schliefsen. Die Zahl der Geburten in einem Lande ist oft, kann man annehmen, viel kleiner, als sie es sein würde, wenn die eine Tendenz (zum geschlechtlichen Verkehr) immer die überwiegende, und viel gröfser als wenn nur die Tendenz zur Vermehrung

---

[1]) S. Rümelin, Reden und Aufsätze, Tübingen 1875, S. 307.

(der Wunsch Kinder zu erzeugen) für diese Zahl das bestimmende Moment gewesen wäre.

b) Aber dieser unlogische Sprung von einem Verlangen nach einem mit einem gewissen Akt verknüpften Lustgefühl, zu dem Verlangen nach den häufig vorkommenden, obgleich oft ungewünschten Resultaten dieses Akts, ist nicht die einzige Schwierigkeit des betreffenden Satzes. Nimmt man mit Malthus an, dafs die Bevölkerung eine „Tendenz zur Vermehrung", wie er sie erklärt, eine Bereitwilligkeit, eine Neigung hat, bleibt noch die Frage: wie kann man diese Tendenz mit einer Masse von Nahrungsmitteln vergleichen? Diese „Tendenz zur Vermehrung" wird höchstens nur in den Fällen Geburten her vorbringen, wo der Geschlechtstrieb, ein Motiv der Handlung, nicht von anderen Motiven besiegt wird. Diese Tendenz (wie Malthus das Wort gebraucht) besteht in Tausenden und Abertausenden von Individuen, die ohne Nachkommen sterben, sie besteht in der Bevölkerung, wenn auch, wie er sagt, „die Nahrungsmittel schneller als die Bevölkerung steigen".[1] Wie kann er dann anderswo „sein Bevölkerungsprinzip aufstellen, sein Bevölkerungsgesetz, wie man es genannt hat"[2], „die Bevölkerung hat eine beständige Tendenz sich stärker als ihre Nahrungsmittel zu vermehren".[3] Diese Tendenz als ein Gefühl, ein Motiv, ist mit einer solchen Thatsache wie die Vermehrung der Nahrungsmittel völlig unvergleichbar. Eine ziffermäfsige Vergleichung zweier solcher Faktoren ist unmöglich, jede andere ist aufserhalb unserer Erfahrung. Wenn diese „Tendenz" die Handlung von vielen Einzelnen bestimmt und neue Menschen geboren sind, kann ihre Zahl resp. der Überschufs von Geburten über Todesfälle mit der Zunahme der Nahrungsmittel ziffermäfsig verglichen werden. Aber damit ist der Vergleich gezogen nicht zwischen der Tendenz der Bevölkerung[4] zur Vermehrung und der Zunahme der Unterhaltsmittel, sondern zwischen der letzteren und einer Zahl von Geburten, resp. deren Überschufs. Und diese Zahl ist ein Hinweis nicht unmittel-

---

[1] S. oben § 4 d.

[2] Svetheer. Die Stellung der Soc. 2. Wie ich später zeige, ist dies nicht bei Malthus sein eigentliches Bevölkerungsprinzip, welches vielmehr er aus diesem Satz und gewissen Thatsachen zu schliessen glaubte.

[3] M. 2.

[4] d. h. in dem gewählten Sinne, obgleich freilich in einem, wie früher gezeigt, richtigeren Sinne. Wir prüfen jetzt den Satz jedoch, ohne ihm gleichzeitig zwei verschiedene Bedeutungen beizulegen.

bar auf die Tendenz zur Vermehrung, sondern auf die Anzahl von
Fällen, wo diese Tendenz im Kampf mit anderen Motiven in dem
menschlichen Willen das bestimmende für die Handlung gewesen ist.
Wenn die Tendenz zum geschlechtlichen Verkehr das allein bestimmende Motiv der Menschen wäre, würde die relative Zahl der Geburten viel gröfser sein. Andererseits würden die Geburten ganz aufhören, wenn andere Motive in allen Fällen, wie sie es in einigen sind,
bestimmend wären. Wenn in dem einen Fall wir gerechtfertigt wären
zu sagen, „die Bevölkerung hat die Tendenz sich schneller als ihre
Nahrungsmittel zu vermehren,“ wenn sie es auch wirklich nicht thut,
würden wir gerechtfertigt sein zu sagen, „die Bevölkerung hat die
Tendenz sich gar nicht zu vermehren,“ und zwar aus viel besseren
Gründen, weil in dem letzten Satz kein Vergleich zwischen einem
psychologischen Vorgang, und einem materiellen, ziffermäfsig messbaren
Dinge aufgestellt ist. Ob „die Tendenz zur Vermehrung“ in einem
Individuum so überwiegend ist, dafs es nicht seinen Erzeugten die
notwendigen Nahrungsmittel geben kann, müssen die Thatsachen be-
antworten. Ob „die Tendenz der Bevölkerung“ zur Vermehrung so
überwiegend ist, dafs infolgedessen die Sterblichkeit durch Mangel an
Nahrungsmitteln zunimmt, müssen die Thatsachen gleichfalls beant-
worten. Und wenn die Antwort eine bejahende ist, hat man nicht
ein Verhältnis zwischen einer Tendenz (als Motiv verstanden) und
einem messbaren Dinge konstatiert, sondern zwischen der Quantität
der Nahrungsmittel und der Zahl der Menschen. Von den verschiedenen Momenten in der Zunahme der letzteren gibt das eine, die Geburten, einen gewissen Hinweis auf das Resultat eines Kampfes
zwischen entgegengesetzten Tendenzen der menschlichen Natur, zwischen
streitenden Motiven der Handlungen.

§ 11. a) Wenn man den Ausdruck „Tendenz der Bevölkerung“
in dem anderen, und wie gezeigt [1]), richtigeren Sinne gebraucht, hat
offenbar die vorangehende Kritik gröfstenteils keine Anwendung, denn
ein Vergleich zwischen einer in diesem Sinne verstandenen „Tendenz
der Bevölkerung zur Vermehrung“, und der Summe resp. Vermehrung
der Nahrungsmittel, ist ja möglich. Aber dass Malthus den Ausdruck nicht allein in diesem Sinne gebraucht hat, bedarf nach der
vorangehenden Betrachtung keiner weiteren Beweisführung. Dafs
eine Verwirrung dieser mit der anderen Bedeutung seinen Gedanken-

---

[1]) § 6 d.

gaug beeinflusst hat. erweist sich jedoch noch deutlicher in einer Betrachtung der geometrischen und arithmetischen Progressionen. Wenn die eben vollendete Kritik des Malthusschen Satzes des Vergleichs zwischen „der Tendenz der Bevölkerung zur Vermehrung" und den Nahrungsmitteln gültig ist, folgt daraus, dafs jeder Versuch, diesem Vergleich eine mathematische Form zu geben, ein vergeblicher sein muss. Dafs diese Progressionen gewöhnlich verworfen werden, wenn auch der Satz der Tendenz acceptiert wird, erscheint vielleicht als noch ein Grund für die Erlangung ihrer Betrachtung. Mehr also um zu zeigen, wie wesentlich sie mit dem Satze der Tendenz verbunden sind als sie selbst zu widerlegen, trete ich näher an den Gegenstand heran.

b) Es ist zu bemerken, dass Malthus den Satz in genau der Form, in der er oft citiert wird, in keiner der sechs von ihm verbesserten Ausgaben gebraucht hat [1]), nämlich: „Die Bevölkerung hat die Tendenz, sich in einem geometrischen Verhältnis zu vermehren, und die Nahrungsmittel nur in einem arithmetischen Verhältnis" [2]), aber in allen hat er etwas gesagt, das diesen Eindruck auf den Leser macht.[3]) Er vermied, entweder bewusst oder unbewusst, den Ausdruck, dafs die Nahrungsmittel die Tendenz haben, sich zu vermehren. Im Vorwort der zweiten Auflage erwähnt er als einen seiner Zwecke die Feststellung der zwei Zunahmen: Er sagt: „Aufser dem Vergleich zwischen der Zunahme der Bevölkerung und der Nahrungsmittel, die wohl nicht mit hinlänglicher Kraft und Genauigkeit bestimmt worden waren" u. s. w.[4]) Ähnliche Ausdrücke kommen häufig vor[5]) und in allen ist die Rede nicht von Tendenzen, sondern von Zunahmen. Damit entgeht er den Einwänden, die wir gegen jeden Vergleich zwischen der Tendenz der Bevölkerung (nach dem komplizierteren Begriffe) und der Nahrungsmittel gemacht haben. Aber er fällt dadurch in eine andere Schwierigkeit, nämlich, indem

---

[1]) S. Economic Review, Jan. 1892, p. 81. Mir war die erste Auflage nicht zugänglich.

[2]) Z. B. Roscher, Volkswirtschaft Bd. I. § 242, citirt von Soetbeer, Stellung etc. 3.

[3]) Schon citiert von der siebenten Auflage. In der ersten Auflage p 14 sagt er: „Die Bevölkerung ohne Hemmnisse steigt in einem geometrischen Verhältnis, die Nahrungsmittel steigen nur in einem arithmetischen Verhältnis" Economic Review a. a. O.

[4]) M. VI.

[5]) Z. B. M. 475.

er „praktische" Zunahmen behandelt, kommt er in ein Gebiet, dasjenige der Realität, das sich hartnäckig gegen jede solche allgemeine
Behauptung der Volksvermehrung zeigt. Dadurch entsteht die früher
erwähnte Auslegung der Lehre [1]): „Er scheint die Fatalität des Aus-
einanderlaufens der zwei Progressionen zu behaupten, obgleich sie
notwendigerweise nicht auseinander laufen können." [2]) Malthus hat
nie auf diese mathematischen Verhältnisse verzichtet. [3]) Sie sind sein
Versuch, den Vergleich zwischen zwei ungleich mefsbaren Dingen
möglich zu machen.

c) Er glaubt die Schwierigkeit zu vermeiden, indem er weder
bei dem einen noch bei dem anderen Begriffe „der Tendenz der Be-
völkerung" stehen bleibt, sondern zwischen den beiden schwankt. Das
Verfahren, wodurch er die normale Verdoppelungsperiode der Bevölkerung zu 25 Jahren schätzte, zeigt, wie er in einer wirklichen
Volksvermehrung eine Sache zu messen glaubte, die nie in dieser
Weise zu ergreifen ist. Er sucht festzustellen, was „die natürliche
Vermehrung der Bevölkerung sein würde, wenn sie mit vollkommener
Freiheit sich anstrengen könnte (could exert itself). Unterstützt von
seinem berühmten Beispiel der amerikanischen Kolonieen, behauptet
er, dafs „ohne Hemmungen die Bevölkerung sich alle 25 Jahre verdoppelt." „Die Tendenz" will er messen durch die wirkliche Zunahme der Bevölkerung (der Zahl der Menschen) da, wo die Bevölkerung (teilweise der kompliziertere Begriff) „ohne Hemmungen ist." Das
gibt die Tendenz der Bevölkerung (einfachen Begriff) während der
betreffenden Periode, aber es gibt nicht die andere Tendenz, deren
Bedeutung auf den Geschlechtstrieb und die Fruchtbarkeit der einzelnen Menschen zurückgeht. Denn erstens ist sie eine psychische
und nicht eine materielle, ziffermäfsig ausdrückbare Erscheinung,
und zweitens, wenn sie es auch wäre, unterdrückten die strengen
Sitten eines frommen Volkes in vieler Weise den Geschlechtstrieb
in dem in Frage kommenden Lande und hemmten in vieler Weise
die Erzeugungskraft der Menschen, obgleich Nahrungsmittel für alle
Klassen reichlich sich vorfanden. Malthus denkt an „die Hemmungen
der Bevölkerung" nur als an die Wirkungen eines Mangels an Nahrungsmitteln, der wiederum die Wirkung einer Volksvermehrung ist.

---

[1]) S. 8.
[2]) E. Levasseur, Artikel „Population" in Dictionaire de l'ec. pol.
[3]) M. 489.

Die Hemmung des Geschlechtstriebes dagegen kann eine stärkere werden, während zu gleicher Zeit mit steigender Produktion (die natürlich unter diesen Umständen vielmehr die Form von Qualitätsverbesserung als von Quantitätsvermehrung annimmt) die Bevölkerung langsamer oder gar nicht steigt. Die Hemmung besteht in anderen Motiven und Tendenzen, die im menschlichen Willen dem Geschlechtstrieb begegnen und ihn lenken, zurückdrängen, bezwingen.

d) Diese Prüfung des gewöhnlich als das Bevölkerungsprinzip angesehenen Satzes hat nicht seine Ansprüche auf diesen Titel gerechtfertigt. Aber für Malthus selbst ist weder die mathematische, noch die andere Form des Satzes sein Bevölkerungsprinzip, sondern die Voraussetzungen, aus denen er das wirkliche Prinzip schliefst. Gegen das Ende seines Werkes spricht er von „den verschiedenen Verhältnissen der Zunahme, auf denen alle meine Hauptschlüsse beruhen." [1] Niemand kann in Abrede stellen die einleuchtende Thatsache des Vorhandenseins der Erzeugungsfähigkeit und des Geschlechtstriebes in den Menschen jedes Volkes. Aber Malthus hat versucht ein Verhältnis zwischen dieser Thatsache und dem später zu besprechenden Gesetz des abnehmenden Ertrages in einem kurzen Satz auszusprechen, der nicht einen haltbaren Sinn hat. Wie die Thatsache, dafs ein Apfel ungehindert zum Boden fällt, weder das Gesetz der Schwerkraft ist, noch erklärt, warum der Mond immer von der Erdfläche entfernt bleibt, so ist diese Thatsache nicht das Bevölkerungsgesetz und erklärt gar nichts von der Gröfse irgend einer Bevölkerung im Verhältnis zu den Nahrungsmitteln in dem betreffenden Lande.

§ 12.) Wir haben jetzt den Satz zu prüfen: „die Bevölkerung steigt immer da, wo die Nahrungsmittel steigen." Wenn er in irgend einem wichtigen Sinne und uneingeschränkt wahr wäre, würde er wirklich ein Bevölkerungsprinzip sein, denn nach der ersten und dieser These steht die Volkszahl resp. die Bevölkerungsbewegung in einem bestimmten Verhältnis zu der Summe resp. dem Zuwachs der Nahrungsmittel.

a) Malthus macht aber zwei Einschränkungen zu der gegebenen Form der These. Er sagt: „Ganz allgemein ausgesprochen kann es werden . . . dafs die Bevölkerung stets steigt, wo die Nahrungsmittel steigen", doch glaubte er, „dafs es einige Fälle gibt, wo die Bevölke-

---

[1] M. 489.

rung nicht auf dem Niveau der Nahrungsmittel bleibt. Dies sind jedoch nur äufserste Fälle. Infolgedessen fügt er dem ersten Teile hinzu: „wenn sie nicht durch einige sehr mächtige und auffallende Hemmnisse daran verhindert wird."[1] Als Beispiele solcher Hemmnisse führt er beiläufig an anderen Stellen an: die Neger in Westindien[2], „die extreme Ungesundheit von Batavia und vielleicht die Pest in einigen Ländern", „die ungewöhnliche Vorliebe der Römer für einen lasterhaften ehelosen Stand, und die geschlechtlichen Ausschweifungen in Otaheite"[3], und den denkbaren Fall, dafs die aus einer sehr vorgeschrittenen Gesellschaftsverfassung entspringende natürliche Arbeitsteilung, namentlich in Ländern, wo der Boden fruchtbar ist, und im Ackerbau grofse Fortschritte gemacht worden sind, einen so grofsen Teil des Volks in die Städte zieht, und so viele in ungesunden Beschäftigungen festhält, dafs die direkten Hemmungen der Volksvermehrung allzu mächtig sein können, um selbst einem Überfluss an Nahrungsmitteln zu weichen."[4]

b) Bezüglich der ausgenommenen Fälle betont Malthus ausdrücklich, dafs sie sehr selten vorkommen und ihr allgemeines Merkmal ist, dafs die Hemmung weder direkt noch indirekt einem Mangel an Nahrungsmitteln, wie der Regel nach, entspringt. Mit diesen Ausnahmen aber wiederholt er oft das, was er selber als den Hauptgedanken des theoretischen Teils seines Werks bezeichnet. Er sagt nämlich: „Die in Kapitän Cooks erster Reise bezüglich der dünn zerstreuten Wilden in Neuholland aufgeworfene Frage: Wodurch sind die Einwohner dieses Landes auf die Zahl beschränkt, die es zu ernähren vermag? kann ebenso gut auf die bevölkertsten Inseln der Südsee oder auf die volkreichsten Länder in Europa und Asien angewendet werden. In ihrer allgemeinen Anwendung scheint mir die Frage höchst interessant zu sein, und zur Erläuterung einiger der dunkelsten aber wichtigsten Punkte in der Geschichte der menschlichen Gesellschaft zu führen. Ich kann den unmittelbaren Zweck des ersten Teils dieses Werkes nicht klarer und bündiger ausdrücken, als indem ich sage, dafs er der Beantwortung dieser Frage gewidmet ist."[5] Er fafst das Problem immer so auf, dass er fragt: Was

---

[1] M. 12.
[2] M. 3 Aufl. Heg. Übersetzung 3. — Auch 7. Aufl. Anhang, 508.
[3] M. 122 Anmerkung, nicht von Stöpel übersetzt.
[4] M. 517.
[5] M. 33.

zwingt die Bevölkerung, auf dem Niveau der Nahrungsmittel zu
bleiben? nie in der Form, warum bleibt sie unter diesem Niveau?
Folgende Beispiele zeigen denselben Gedanken:

„Es zeigt sich bei einem sehr allgemeinen Überblick verschiedener Länder, daſs unter jeder Art der Regierung, wie ungerecht und
tyrannisch sie auch sein mag, in jedem Klima der bekannten Welt,
wie ungünstig für die Gesundheit es auch scheinen mag, man gefunden hat, die Bevölkerung, fast mit der einzigen früher erwähnten Ausnahme, habe sich auf dem Niveau der Nahrungsmittel erhalten
können." [1]

„So groſs ist die Tendenz der Menschen zur Vermehrung, daſs
nichts auſser einer körperlichen oder moralischen Hemmung, die in
einer übermäſsigen und ungewöhnlichen Weise wirkt, die Bevölkerung
dauernd unter den durchschnittlichen Nahrungsmitteln erhalten
kann." [2]

„Unter sonst gleichen Verhältnissen kann behauptet werden, daſs
die Länder je nach der Quantität menschlicher Nahrungsmittel, die
sie produzieren oder zu kaufen vermögen, bevölkert sind." [3]

„Das einzig richtige Kriterium einer wirklichen und dauernden
Zunahme der Bevölkerung eines Landes ist die Zunahme der Nahrungsmittel." [4]

Ich fasse diese Citate kurz zusammen: 1) Die Bevölkerung
kann sich (fast) immer auf dem Niveau der Nahrungsmittel erhalten.
2.) Sie kann (fast) nie verhindert werden dies zu thun. 3) (Eine logische Folge der beiden ersten.) Die Länder sind nach der Quantität der Nahrungsmittel bevölkert. 4) Also sind die Nahrungsmittel
das einzig richtige Kriterium der Bevölkerung.

c) Wesentliche Schwierigkeiten erheben sich gegen die Anwendung der Nahrungsmittel als Maſsstab der Bevölkerung.

1) In verschiedenen Ländern werden als Nahrungsmittel die
verschiedensten Dinge verbraucht, die als Quantitäten ungleich-
messbar sind.

2) Als Nahrungsmittel jedoch könnte man sie annähernd messen
und vergleichen als Einheiten, welche die Kraft haben, ein mensch-

---

[1] M. 509, Anmerkung, nicht von Stöpel übersetzt.
[2] M. 508, Anmerkung, von Stöpel nicht übersetzt.
[3] M. 26.
[4] M. 260. S. auch p. 4 „Population could et be supplied with food" etc.;
p. 6 „The increase of the human species" etc. u. ä. mehr.

liches Leben eine bestimmte Zeit zu nähren. Aber jedes Volk verbraucht durchschnittlich pro Kopf von diesen Einheiten nicht dieselbe Masse, also auch in dieser Weise kann die Volksmenge nicht bestimmt werden. Es würde allerdings der Vergleich nur zwischen Bevölkerungen, die fast immer auf der Grenze der Hungersnot stünden, annähernd die Wahrheit darthun. Die Unterschiede in der Quantität oder der Gröfse der Nahrungseinheit pro Kopf sind beträchtlich, denn der Mensch begnügt sich nicht immer mit dem für seine Existenz notwendigen Minimum. Indem der durchschnittliche Überschufs in verschiedenen Ländern und Zeiten sehr verschieden ist, sind, wenn auch diese theoretische Nahrungseinheit als Mafsstab angewendet würde, die Bevölkerungen lange nicht in gleichem Verhältnis wie ihre Nahrungsmittel.[1])

3) Unterschiede in der Quantität aber sind nicht so bedeutend wie diejenigen in der Qualität der Nahrungsmittel. Schon auf der ersten Stufe des Fortschrittes zeigt sich die Bestrebung des Menschen, seiner Nahrung Abwechselung und Geschmack zu geben. Die mannigfaltigen Gegenstände, die er zu diesem Zwecke sucht, erfordern für ihre Erwerbung in höchst verschiedenem Grade die Anwendung von Arbeit. Diese Arbeit würde öfters genügend sein, eine viel gröfsere Masse von Nahrungsmitteln einfacherer Art zu gewinnen, also eine viel gröfsere Bevölkerung zu unterhalten. So wie diese Arbeit, die, anstatt die möglichst grofse Zahl von Nahrungseinheiten zu erzeugen, die Form von Nahrungsmitteln feinerer Art annimmt, ist jede andere Arbeit, die nicht ausschliefslich für die Erhaltung der genügsamsten Existenz angewendet wird. Es ist möglich, durch dieselbe Arbeit eine viel gröfsere Zahl von Nahrungseinheiten zu erzeugen, als es in einem solchen Lande der Fall ist. Es ist der menschliche Wille, der unter dem Einflusse von Sitten, Gewohnheiten, Ideen entscheidet, dafs diese Arbeit nicht von möglichst vielen einfachen, sondern von wenigeren komplizierteren Nahrungseinheiten, oder von ganz anderen Gegenständen, die Form annehmen soll. Hier noch einmal sehen wir im menschlichen Bewufstsein das Schlachtfeld kämpfender Motive.

---

[1]) Malthus selber sagt: „Selbst dieses Kriterium ist manchen Schwankungen unterworfen, die jedoch unseren Beobachtungen vollkommen zugänglich sind". p. 260. Der vielen Schwierigkeiten dieses Vergleichs aber scheint er nicht bewusst zu sein.

d) Wenn jetzt die zweite Einschränkung, die Malthus zu der allgemeinen Form des Satzes macht, erwähnt wird, könnte es vielleicht scheinen, als wenn er durch sie diese Einwürfe vorausgesehen hätte. In einer nebensächlich scheinenden Randbemerkung sagt er: „Es muſs bemerkt werden, daſs unter einer Zunahme der Nahrungsmittel hier eine solche Zunahme verstanden wird, welche die Massen des Volks befähigt, über mehr Nahrung zu gebieten. Sicherlich kann eine Zunahme stattfinden, „welche im dermaligen Zustande eines Volks nicht unter die niederen Klassen verteilt wird, und daher auch keinen Sporn zur Volksvermehrung erteilen würde".[1]

Wenn diese Einschränkung die fast überall existierenden und oben erwähnten Zustände anzuerkennen meint, ist die sog. Ausnahme überall zu treffen, die allgemeine Regel nirgendwo völlig geltend. Die allgemeine Ausnahme hebt die Regel auf. Diese scheinbar einfache Anmerkung weist auf einige sehr wichtige Momente hin. Versuchen wir zunächt den Sinn des Ausdrucks „eine Zunahme der Nahrungsmittel" uns zu verdeutlichen.

e) Wenn wörtlich genommen die Bevölkerung unveränderlich steigt wo die Nahrungsmittel steigen, und in den zitierten Sätzen die wirklich vorhandenen Nahrungsmittel gemeint sind, so würde die Bevölkerung in den verschiedenen Ländern in den verschiedenen Jahreszeiten sehr bedeutende Steigerungen und Verminderungen zeigen. Suchen wir eine andere, nicht so unsinnige Auslegung.

Wenn die Bevölkerung nicht mit den mannigfaltigen Variationen der Ernten und den in verschiedenen Jahreszeiten vorhandenen Vorräten der Nahrungsmittel stets im Verhältnis bleibt, so bleibt sie vielleicht mit dem in einer Reihe von Jahren durchschnittlichen Vorrat im Verhältnis. In jedem Lande ist der durchschnittliche, zum eigenen Gebrauch bestimmte Vorrat an Nahrungsmitteln sehr wenig gröſser als der Bedarf der Bevölkerung beträgt. Ausgenommen die Produkte, welche man eine Zeitlang aufbewahren muſs, um sie in komplizierte Nahrungsmittel umzuwandeln, werden fast alle in demselben Jahre verbraucht, in welchem sie produziert werden. Ganz im allgemeinen können wir sagen: die im Durchschnitt jährlich produzierte Masse von Nahrungsmitteln bleibt nirgendwo dauernd über dem jährlichen Bedarf der Bevölkerung.

f) Scheint dies auf den ersten Blick den Malthusschen Satz zu

---

[1] M. 12.

bestätigen, sieht man bei genauer Überlegung, dafs es ihn in einer Weise erklärt, die ihm keine Bedeutsamkeit als Bevölkerungsprinzip läfst. Denn wodurch wird die Vermehrung der Nahrung bewirkt? Durch die Thätigkeit der Menschen. Weil gleichviel, ob die Bevölkerung schnell steigt, stehen bleibt oder sich vermindert, die Menschen absichtlich und dauernd mehr Nahrung als konsumiert wird, nicht zu produzieren pflegen, gibt es keine dauernde Steigerung der Nahrungsmittel in diesem Sinne ohne Steigerung der Bevölkerung. Der Satz ist allgemein wahr, auch die Fälle, die Malthus erwähnt, bilden keine Ausnahmen; sie als solche zu nennen, zeigt eine Unklarheit des Denkens. Denn in den betreffenden Fällen würde Malthus nicht behaupten wollen, dafs keine Arbeit zur Produktion von Nahrungsmitteln erforderlich war. Folglich würden die Menschen nicht ohne Zweck eine unbrauchbare Quantität von Nahrungsmitteln produzieren. In diesem Sinne würde keine dauernde Zunahme der Nahrung stattfinden, die nicht eine Volkszunahme zur Folge haben würde, gleichviel ob jene unter die oberen oder die unteren Klassen verteilt wurde. Was er im Auge hat, ist offenbar, dafs es in den betreffenden Fällen sehr leicht war Nahrungsmittel zu produzieren, oder wie im letzten Falle, leichter als vorher. Diesen Punkt habe ich wieder in anderem Zusammenhang zu berühren.

g) Man mufs also, glaube ich, unter der Zunahme der Nahrungsmittel in dem Zitate eine Steigerung der Möglichkeit der Produktion verstehen, welche vorkommt, wenn, ohne dafs irgend ein Teil der Bevölkerung genötigt wird einem schon besessenen Genufs zu entsagen, die Möglichkeit entsteht, mehr Nahrungsmittel zu bekommen. Dies kann in verschiedener Weise vorkommen, hauptsächlich durch Eröffnung neuen Grund und Bodens; durch Erfindungen in den Naturwissenschaften, welche anwendbar auf den Ackerbau sind, wodurch mit derselben Arbeit eine gröfsere Masse von Nahrungsmitteln eben so guter Qualität erzeugt werden kann; oder durch Verbesserungen in den Künsten und Industrieen, wodurch, wenn nur dieselbe Quantität und Qualität der Produkte der betreffenden Industrieen vorgebracht wären, Arbeit freigelassen sein würde, mehr Nahrungsmittel zu erzeugen. Wenn es gerechtfertigt ist anzunehmen, dafs dies in dem Sinne des Malthus eine Zunahme der Nahrungsmittel ist, so folgt als Wirkung eine Volksvermehrung, aber nur unter der Bedingung, dafs diese Steigerung „die Massen des Volks befähigt über mehr Nahrung zu gebieten". Diese Zunahme kann nach ihm, unter die

höhere Klassen verteilt werden, nicht nur ohne eine weitere Volksvermehrung zu veranlassen, sondern auch ohne einen Sporn dazu zu
erteilen. Zwei Erklärungen dieser Behauptung sind möglich. Entweder ist die Vermehrung in diesen Klassen durch Überschufs der
Geburten über die Todesfälle schon möglichst grofs, selbstverständlich
viel gröfser als in den niederen Klassen, weil keine Hemmung durch
Mangel an Nahrungsmitteln besteht, also keine durch deren Zunahme
beseitigt werden kann; oder eine schon vorhandene Hemmung ist
nicht die Wirkung eines Mangels an Nahrungsmitteln, weil Steigerung
derselben diese Hemmung nicht schwächt. Dafs die erste nicht
wahr ist, kann schon einfache Beobachtung bestätigen und genaue
statistische Untersuchungen werden vielmehr das Gegenteil erweisen.
Bezüglich der zweiten werden wir weiter sehen, ob jede Hemmung
der Volksvermehrung in letzter Instanz auf eine Ursache, namentlich
Mangel an Nahrungsmitteln zurückzuführen sei, angesichts der Thatsache, dafs die Hemmung in vielen Fällen in umgekehrtem Verhältnis zu dem Vorhandensein der betreffenden Ursache steht.

h) Betrachten wir das, was Malthus angenommen hat, indem er sagt:
Wenn die Zunahme der Nahrungsmittel „die Massen der Gesellschaft
befähigt über mehr Nahrung zu gebieten", so steigt die Bevölkerung unveränderlich. Es wird behauptet a) dafs die Möglichkeit über mehr
Nahrung zu verfügen in gewissen Klassen der Bevölkerung keine Vermehrung entweder der Anzahl der betreffenden Klassen oder der Bevölkerung im allgemeinen bewirkt. b) Dafs die niederen Klassen,
wenn sie gleichfalls befähigt sind über mehr Nahrung zu gebieten, im
Gegenteil die Zunahme der Nahrungsmittel brauchen um die Hemmung ihrer Vermehrung aufzuheben. c) Dafs nicht nur die niederen
Klassen, sondern auch die gesamte Bevölkerung steigt, infolge einer
Steigerung der Möglichkeit der niederen Klassen, sich Nahrungsmittel
zu verschaffen. Also mit diesen niederen Klassen meint er nicht nur
eine kleine Anzahl, den ärmsten Teil der Bevölkerung, sondern Klassen,
die überall in verhältnismäfsig so grofser Anzahl vorhanden sind, dafs sie
„die Masse" der Bevölkerung ausmachen, und ganz unabhängig von
der Steigerung oder Verminderung der anderen Klassen bewirkt ihre
Vermehrung eine Vermehrung der gesamten Bevölkerung.

i) Wenn diese Annahmen wahr wären, sieht man, dafs es doch
zwei wichtige Momente gibt, die den Grad der Vermehrung beeinflussen würden. Erstens: Das Verhältnis der Zahl der niederen zu
der der oberen Klassen, so wie der Grad, in welchem zwischen den
zwei Extremen Abstufungen bestehen. Eine grofse Steigerung der

Möglichkeit der Nahruugsproduktion kann eine grofse oder sehr kleine
Steigeruug der Bevölkerung zur Folge haben, je nach der relativen
Anzahl der Klassen. Die Zunahme der Nahrungsmittel ist also allein
betrachtet, absolut werthlos als ein Mafsstab für die Vermehrung
der Bevölkerung. Zweitens: Der Gang der Bevölkerungszunahme
würde weiter, wenn man nur die niederen Klassen betrachtet, von dem
folgenden Moment beeinflufst werden: Dem Grad, in dem diese Klassen
die neue Möglichkeit gebrauchen um die Hemmung ihrer Vermehrung
aufzuheben. Denn dafs es nicht notwendig in der menschlichen Natur
liegt, jede Zunahme der Nahrungsmittel so anzuwenden, zeigt die
angenommene Thatsache, dafs schon ein Teil der Bevölkerung sie
nicht in dieser Weise anwendet. Man kann also nicht voraussetzen,
dafs die Steigerung auch von diesem Teile gerade in demselben Verhältnis zu der Steigerung der Nahrungsmittel stattfinden wird. Um
so weniger kann man voraussetzen, dafs die gesamte Bevölkerung in
diesem Verhältnis zunehmen wird. Wenn wir den Satz von Malthus
sehr mildern und sagen nicht, „die gesamte Bevölkerung vermehrt
sich"; sondern nur „die niederen Klassen der Bevölkerung vermehren
sich unveränderlich, wo ihre Nahrungsmittel steigen", so verliert auch
dieser einen grofsen Teil der Wichtigkeit, die er bei Malthus hat.
wenn nicht mit darunter verstanden wird: „und in demselben Verhältnis".

Es mufs zugestanden werden, dafs die Analyse, durch welche dem
Ausdruck „Zunahme der Nahrungsmittel" der Sinn von Steigerung
der Möglichkeit ihrer Produktion gegeben worden ist, nie bei Malthus
deutlich hervortritt. Er zeigt nicht, dafs er der verschiedenen möglichen Auslegungen klar bewufst ist. Der Wunsch, seinen Worten
eine möglichst logische Bedeutung zu geben, hat zu dieser Unterscheidung geführt.

§ 13. Bevor die Kritik der Malthusschen Theorie der Bevölkerungsbewegung zu Ende gebracht wird, mufs besonders das sog.
Gesetz des abnehmenden Ertrages des Grund und Bodens bei ihm
betrachtet werden. Es ist die Gegenüberstellung „der Tendenz der
Bevölkerung" und dieses Prinzips (oder dieser Thatsache wie man will)
die ihn zu seiner Theorie geführt hat.

a) Malthus sagt,[1] er glaube, dafs der Satz, die Nahrungsmittel
nähmen in einem arithmetischen Verhältnis zu, bewiesen sei, sobald
er ausgesprochen wäre. In dem ersten Kapitel widmet er diesem

---

[1] M. 491, Anmerkung.

Gegenstand kaum eine Seite. In der That ist keine Annahme seines
ganzen Werkes weniger anfechtbar und zweifelhaft, als die der Thatsache (oder des Prinzips) die er unmittelbar im Auge hat. Er sagt:
„Wenn Acker zu Acker gefügt wird bis alles fruchtbare Land an-
gebaut ist, muſs die jährliche Zunahme der Nahrungsmittel von der
Melioration des bereits angebauten Landes abhängen."[1]) Alsdann fügt
er einen Satz hinzu, der charakteristisch Malthussche Ungenauigkeit
zeigt: „Dies ist ein Kapital (Pfund), das nach der Natur allen Grund
und Bodens sich nach und nach vermindern muſs, statt sich zu vermehren." Ob das Wort Kapital sich auf Zunahme, Nahrungsmittel,
Land oder Melioration bezieht, in keinem Falle hat der Satz eine
vernünftige Bedeutung. Dieser und anderer Unklarheiten ungeachtet,
ist es doch klar genug, daſs Malthus an das, was man das Gesetz
des abnehmenden Ertrages des Grund und Bodens nennt, hier gedacht hat. „Malthus nimmt im allgemeinen an, daſs die intensivere
Bearbeitung des Grund und Bodens einen stufenweis abnehmenden
Ertrag gibt."[2]) Betrachten wir zuerst dieses Prinzip in seiner einfachen Form, danach seine Anwendung von Malthus.

b) Das Gesetz des abnehmenden Ertrages im Ackerbau ist der
Ausdruck für die regelmäſsige Erfahrung, daſs auf einem bestimmten
Stück Boden nach einer gewissen Aufwendung von Arbeit und Kapital, nachträgliche Aufwendungen gleicher Einheiten von Arbeit und
Kapital einen verhältnismäſsig kleineren Ertrag als die ersten Einheiten bewirken, wenn die neue Aufwendung nicht mit einer erheblichen Verbesserung der Landwirtschaft zusammentrifft.[3]) Auzunehmen
daſs dies unwahr ist, widerspricht vollkommen, sagt Malthus. „unserer
Kenntnis von den Eigenschaften des Bodens".[4]) Vernünftig aus-
gelegt, wird das Gesetz fast allgemein angenommen. Einige glauben
aber, daſs es nur eine Thatsache der Naturwissenschaften, die Aussage einer Eigenschaft des Bodens von wichtiger Bedeutung für wirtschaftliches Raissonement, jedoch kein wirtschaftliches Gesetz ist. Wenn
Leute über die Sache einig sind, ist es unnütz über das Wort zu
streiten. Der wirtschaftliche Charakter des Gesetzes scheint aber
darin zu liegen, daſs es nicht einfach die Reaktion von Naturfaktoren,

---

[1]) M. 4.
[2]) Soetbeer, Die Stellung der Soc. 74.
[3]) S. Marshall, Prin. of Econ. I, 206—9 für die rationelle Auslegung des
Gesetzes. Malthus aber gebraucht den Ausdruck nicht.
[4]) M. 5.

sondern das Verhältnis der wirtschaftlichen, menschlichen Faktoren, Kapital und Arbeit zum Boden, ausdrückt.

c) Rodbertus glaubt Malthus durch die Widerlegung dieser Lehre der bei steigenden Anforderungen zunehmenden Unproduktivität des Ackerbaues abgethan zu haben, aber wie man gesagt hat, er macht der Lehre „eine Konzession, oder sagen wir es nur gleich, er erkennt sie so, wie sie vernünftiger Weise zu verstehen ist, an, um nachher nicht sie zu widerlegen, sondern die Ansicht aufzustellen, dafs sie durch die Fortschritte in der Kunst des Ackerbaues bis zu einer gewissen Grenze paralysiert werde."[1] Die schon gemachten und noch mehr die in der Zukunft vermutlich zu machenden Fortschritte in der landwirtschaftlichen Technik werden oft als eine Widerlegung der Wahrheit dieses Prinzips angesehen. Derartige Fortschritte, obgleich langsam gemacht, sind bedeutend. Wir lesen, dafs in England 1336—40 Weizen 9 Scheffel, ein Jahrhundert später, 1450, 12 Scheffel; 1655—93 von verschiedenen Arten Getreide 12 bis 16 Scheffel; Anfang des 18. Jahrhunderts von verschiedenen Arten 20 Scheffel pro Acker produziert wurden.[2] Das Stück Boden produziert heutzutage vielleicht zwei mal so viel als vor anderthalb Jahrhunderten, etwa vier bis fünf mal so viel als vor fünf Jahrhunderten. Teilweise ist dies der fortgeschrittenen Kenntnis zuzuschreiben, aber es folgt keineswegs, dafs diese Steigerung nicht durch eine relativ viel gröfsere Anwendung von Kapital, vielleicht auch von Arbeit hervorgerufen worden ist. Wenn gerade jetzt eine gröfsere Anforderung an denselben Boden gemacht würde, um die Hälfte mehr oder das doppelte des jetzigen Ertrages zu bekommen, so würde eine verhältnismäfsig noch gröfsere Aufwendung von Arbeit und Kapital erforderlich sein. Das erscheint kaum zweifelhaft.

d) In der That zweifelt daran nur ein bekannter Schriftsteller, Henry George. Er sagt: „Zwanzig Menschen werden durch ihr Zusammenwirken, wo die Natur auch karg ist, mehr als zwanzig mal so viel produzieren, als in der fruchtbarsten Gegend ein Mensch produzieren kann."[3] Der Zusammenhang zeigt, dafs er diese Behauptung sowohl auf den Ackerbau als auf die Fabrikation anwenden will. Anderswo sagt er: „Dafs die Erde ebenso leicht ein Tausend Milliarden als ein Tausend Millionen Menschen ernähren könnte, ist eine notwendige Folge der offenbaren Wahrheiten, dafs mindestens so

---

[1] Soetbeer, Stellung der Soc. 69.
[2] Rogers, Economic Interpretation of Hist. 52—3.
[3] George, Progress and Poverty 110.

weit es auf die Wirkung ankommt, die Materie unvergänglich ist,
und die Kraft unerschöpflich. Das Leben verbraucht nicht die Kräfte
die das Leben erhalten. . . . Nichts wird vermindert, nichts wird geschwächt. Und daraus folgt es, dafs die Grenze der Bevölkerung
nur die Grenze des Raumes sein kann. Nun, diese Beschränkung des
Raumes — diese Gefahr, dafs die Menschen sich so sehr vermehren,
dafs sie nicht die Ellenbogen bewegen können — ist zu weit entfernt,
praktisches Interesse für uns zu haben." [1]) Gegen die vielen in
diesem Citate enthaltenen Absurditäten ist die augenblicklich wesentliche Kritik: der Autor ignorirt das Moment der Zeit in Tier- und
Pflanzenwachstum. In den nördlichen Ländern kann mit Mühe und
Not eine einzige Ernte jährlich gewonnen werden. Weiter südlich
kann zuweilen derselbe Boden zwei oder drei mal für verschiedene
Produkte benutzt werden. Aber es ist auch im landwirtschaftlichen
Institut nicht ermöglicht worden, dafs man das nach einem Viertel-
jahr in der Form von guten Nahrungsmitteln wieder ifst, was man
jetzt gegessen hat. Wenn auch jeder Fussbreit Boden ausgenutzt
wäre und alle Arbeitskräfte allein darauf verwendet würden, Nahrungsmittel zu produzieren, so würde die Bevölkerung eine Grenze in der
Hungersnot schon finden, wenn die Ellenbogen noch einen sehr grofsen
Spielraum hätten. Aber die Möglichkeit, Nahrungsmittel einfachster
Art zu bekommen, bestimmt nicht die Grenze der genannten Bevölkerung. Man kann wohl mit George übereinstimmen in den poeti-
schen Worten, wo er die Entwickelung höherer Bedürfnisse, das
Wachsen von Idealen in der Menschheit beschreibt.[2]) Es ist interessant zu bemerken, dafs George das Rentenprinzip Ricardos bezüglich des Ackerbodens unbedingt annimmt. Aber wenn es so wäre,
wie George es meint, bezüglich des durch neue Anwendung von Arbeit und Kapital erzielten Ertrages, würde in dem jetzigen Stand der
Bevölkerung in allen Ländern eine Rente für Ackerland kaum existieren können, aus dem einfachen Grunde, dafs auf einen Morgen das
konzentriert werden würde, was jetzt auf viele angewendet wird. Auf
die wesentlichen Beziehungen des Prinzips des abnehmenden Ertrages historisch wie theoretisch, ist es nicht nötig, hier näher einzu-
gehen.

§ 14 a) Indem Malthus das besprochene Gesetz als wahr an-
nahm, hatte er Recht. Es ist aber nicht ohne weiteres anzunehmen,

---

[1]) George, Progress and Poverty 98—99.
[2]) George, a. a. O. 99—101.

dafs er es richtig angewendet habe. Zuerst ist es offenbar ein verkehrter Gebrauch desselben, zu sagen, dafs unter den Jägervölkern es der abnehmende Ertrag des Bodens in diesem Sinne ist, der der Bevölkerungszunahme eine Grenze zieht. Das Gesetz setzt voraus, dafs die Produktion nicht bis zu dem Augenblick des Erntens (resp. Schlachtens) ganz dem Zufall überlassen wird. Malthus hat Recht, wenn er ohne die Bedeutung für seine Theorie wahrzunehmen, die Jägerstämme in ihrer Ernährungsweise mit den Raubtieren vergleicht.[1] Also hält der Einwand von H. George bis zu einem gewissen Punkte stich. Er sagt nämlich: „Hierin liegt ein Unterschied zwischen dem Tiere und dem Menschen. Sowohl der Habicht wie der Mensch verzehren Hühner, aber je mehr Habichte desto weniger Hühner. während je mehr Menschen, desto mehr Hühner.“[2] Aber gleich in den folgenden Worten übertreibt er diesen Gedanken, indem er behauptet. es komme nicht darauf an. wie grofs die Zunahme sei, diese Zunahme erschwere nicht die Schaffung von Nahrungsmitteln. Auf der ersten Stufe der Menschheit kann von einem im allgemeinen gesetzmäfsig abnehmenden Verhältnis des Ertrages und der angewendeten Arbeit und des Kapitals infolge der Natur des Bodens und der Bedingungen des Pflanzen- resp. Tierlebens nicht die Rede sein. Aber nach Malthus stehen solche Fälle nicht in Widerspruch mit seiner teilweise von diesem Gesetze deducierten Theorie. dafs die einer Bevölkerung zur Verfügung stehenden Nahrungsmittel bestimmend für die Volkszahl seien. Er sagt: „Dafs unter solchen Umständen Amerika im Verhältnis zu seinem Gebietsumfang sehr dünn bevölkert sein mufs, ist lediglich eine Exemplification der einleuchtenden Wahrheit, dafs die Bevölkerung nicht zunehmen kann ohne die Nahrungsmittel, die sie ernähren.“[3] In demselben Kapitel aber gibt er zahlreiche Beispiele von verwüstenden Todesursachen, die nicht aus einem Mangel an Nahrungsmitteln entsprangen. Malthus lebte in den Tagen von allgemein gültigen ökonomischen Gesetzen und von der Wahrheit seiner Theorie war er fest überzeugt. Was ihm ein unwiderleglicher Beweis dafür in diesen wie in anderen Fällen scheint, ist die Thatsache der wiederkehrenden Hungersnot in den betreffenden Ländern.[4] Es ist einleuchtend, dafs in den von ihm erwähnten Umständen die

---

[1] M. 18.
[2] George a. a. O. 97.
[3] M. 18.
[4] M. 17: 28.

Bevölkerung nicht auf demselben Niveau mit dem durchschnittlichen Nahrungsbestande, sondern vielmehr (so weit die Nahrungsmittel in irgend einer Weise für sie bestimmend sind) auf dem Niveau der Nahrungsmittel in den schlechtesten Zeiten der Not, steht. Die Produkte der Jagd sind nicht zur Aufbewahrung geeignet und der vollkommenste Mangel an Vorsicht verhindert, dafs, wenn sie auch aufbewahrt werden könnten, während der Zeit des Überflusses ein Vorrat für einige Wochen aufgespart wird.

b) Malthus Auslegung der Bedeutung einer Hungersnot auf einer viel höheren Stufe, derjenigen eines entwickelten Ackerbaues ist aber auch nicht richtig. Er sieht nämlich den in Folge einer schlechten Ernte stattfindenden Mangel des Jahres 1785 in Norwegen als die Wirkung der schnellen Zunahme der Bevölkerung während des vorangehenden Decenniums an.[1] Aber die schlechte Ernte wurde wesentlich von der schlechten Witterung, nicht von der intensiveren Kultur verursacht. Man hat Recht zu befürchten, dafs im Falle einer schlechten Ernte [2] sehr ernstliche Notstände herbeigeführt werden könnten. Aber als die Ursache dieser Notstände ist vielmehr die plötzlich eintretende schlechte Ernte als die allmähliche Wirkung des Gesetzes des abnehmenden Ertrages anzusehen. In der Ansicht von Malthus liegt Irrtum und Wahrheit mit einander verbunden. Erstens: unter den gegebenen Umständen ist eine gewisse Wirkung des betreffenden Gesetzes zu erwarten, und infolgedessen eine gewisse Verteuerung der Nahrung im Verhältnis zu den Löhnen. Aber dieses Moment ist weder verhältnismäfsig bedeutend in der Erklärung des Mangels, noch ist es a priorisch als Thatsache anzunehmen, sondern es kann nur durch unmittelbare Untersuchung festgestellt werden. Zweitens: die armen und unvorsichtigen Teile der Bevölkerung haben nichts, womit in einem Jahre schlechter Ernte sie die vom Ausland importirten Nahrungsmittel bezahlen können. Hätten die armen Klassen nicht so viel zugenommen, könnten sie mehr erspart haben und würden der Hungersnot weniger ausgesetzt sein. Von diesem Moment ist zu bemerken: bekanntlich sind es die Länder, die zum gröfsten Teil den Ackerbau treiben, welche am meisten durch Hungersnot verwüstet werden. Gerade in dem Jahre des Mangels hat ein grofser Teil der Bevölkerung keine Produkte seiner Arbeit, welche für Nahrungsmittel ausgetauscht werden können. Erst nach

[1] M. 132 „Aber dies scheint fast eine zu schnelle Zunahme zu sein, da das folgende Jahr ein Jahr des Mangels" etc.

[2] M. 133.

einer grofsen Entwickelung des Transportwesens und nach der Verall-
gemeinerung des Sparens, welche ermöglicht wurde durch die Geld-
und Kreditwirtschaft, haben die Hungersnöte in den Kulturländern
fast aufgehört. Die wesentliche Frage also betreffs der oben erwähnten Beziehung der Volkszunahme und der Hungersnot ist nicht, ob
gewisse Klassen, wenn die Bevölkerung nicht zugenommen hätte,
hätten ersparen können, sondern ob sie wirklich erspart haben
würden.

Auf jeder Seite des Malthusschen Versuchs zeigt es sich, dafs
er nicht, wie zuweilen behauptet wird, ein glänzendes Beispiel der in-
duktiven Methode in der Nationalökonomie ist. Im Gegenteil begann
er seine historischen Untersuchungen mit einer schon fertigen Theorie,
mit der er die widersprechendsten Thatsachen zu erklären immer bereit ist.

§ 15. Es ist theoretisch richtig anzunehmen, dafs (ohne Fortschritte in der landwirtschaftlichen Technik) ein abnehmender Ertrag
erfolgen mufs, wo die Bevölkerung in einem schon ganz kultivierten
Lande zunimmt. Die oben erörterten Beispiele aber zeigen einen
Mifsbrauch des Prinzips. Wir werden jetzt sehen, wie eine richtige
Anwendung desselben zeigen wird, dafs der Satz von Malthus, die Bevölkerung steht auf dem Niveau der Nahrungsmittel, falsch ist, wenn
man ihn nicht als bedeutungslos auslegt.

a) Ich habe schon gesagt, dafs der genannte Satz wahr ist nur
in dem Sinne, dafs jedes Volk so viel konsumiert, wie es konsumiert.
Malthus aber fafst die Nahrungsmittel als etwas anderes, nämlich als
einen für die Gröfse der Bevölkerung bestimmenden Faktor, auf.
Seine Theorie ist eine Reaktion gegen die frühere Theorie, dafs die
starke Bevölkerung, die man in mächtigen und blühenden Ländern
bemerkte, die Ursache der Blüte sei.[1] Nach dieser Ansicht braucht
man die Volkszahl nur zu vermehren, die Blüte wird folgen. Malthus
stellt die Frage so: „Welches ist die Ordnung der Zunahme?"
d. h. ist die Vermehrung der wirksame Hebel der Agrikultur oder
die Agrikultur der Hebel der Volksvermehrung?[2] Obgleich er zu-
gibt, dafs sie wechselseitig aufeinander wirken, erklärt er, dafs „der
Ackerbau mithin mit mehr Recht die wirksame Ursache der Bevölkerung genannt werden kann",[3] als umgekehrt. Er sagt: Dies scheint

[1] M. 381.
[2] M. 382.
[3] M. 383.

iu der That der Angelpunkt zu sein, um den sich die Sache dreht, uud alle Vorurteile über Bevölkerungsfragen haben vielleicht ihren Ursprung in einem Mifsverständnis über die Priorität der Erscheinungen."[1] Die alte Auffassung war unzweifelhaft falsch, dafs durch Vermehrung der Zahl ohne Rücksicht auf die moralische Qualität und die Kapazität der Menschen, oder auf die natürlichen Hilfsmittel, ein Land bereichert werden könnte. Aber andererseits hat Malthus nicht das Richtige getroffen.

b) Die Steigerung der Bevölkerung und der Nahrungsmittel sind scheinbar gleichzeitige Erscheinungen. Aber indem die Nahrungsmittel nicht ohne Arbeit zu gewinnen sind, müssen, um eine Steigerung derselben zu bewirken, entweder erstens: die Menschen sich entschliefsen, mehr Arbeit resp. Kapital auf ihre Produktion zu verwenden, und ein Motiv für diesen Entschlufs mufs vorhanden sein, nämlich eine gröfsere Bevölkerung; oder zweitens: technische Fortschritte müssen einen gröfseren Ertrag für denselben Aufwand ermöglichen, d. h. die Möglichkeit der Produktion erhöhen. Bei Malthus bleibt es immer sehr unklar, gerade wie die Nahrungsmittel als Kriterium der Bevölkerung dienen können. Logisch durchgedacht führt der Gedanke immer unvermeidlich zu der Möglichkeit der Produktion.

c) Eine Möglichkeit der Produktion ist entweder eine neue, welche, z. B. wie in dem letztgenannten Fall, durch eine gewisse Paralysierung des Gesetzes des abnehmenden Ertrages zu stande kommt, und an diese scheint Malthus am meisten zu denken; oder sie kann in Harmonie mit dem Gesetz des abnehmenden Ertrages schon vorhanden sein, und dies erkennt Malthus nicht. Mit der besprochenen Möglichkeit wird nicht eine utopische gemeint, sondern diejenige, die nach dem jeweiligen Stande der Technik diesseits der höchst erreichbaren Grenze liegt. Wenn man die einzelnen Länder betrachtet, ist diese Möglichkeit in hohem Mafse fast überall vorhanden. Aber die Verwirklichung derselben erfordert von seiten einiger Menschen entweder die Entsagung anderer Güter oder die Erniedrigung der Qualität resp. Veränderung der Art der Nahrungsmittel. Von der Wirkung dieser Motive spreche ich ausführlicher in anderem Zusammenhang.[2] Die Grenze der Möglichkeit der Produktion wird nicht plötzlich erreicht. In jedem beliebigen Jahre würde eine gröfsere Aufwendung von Arbeit und Kapital auf dem

---

[1] M. 383.
[2] Theil III.

schon kultivierten Boden einen gröfseren Ertrag produzieren. Jede solche Möglichkeit, die bei der bestehenden sozialen Ordnung ein Individuum hat, und doch, anstatt das Individuum zur unverhinderten Vermehrung seiner Gattung zu führen, zu anderen Zwecken gebraucht wird, ist ein störendes Moment, das die Möglichkeit der Produktion unmafsgebend für die Gröfse oder die Zunahme der Bevölkerung macht. Diese störenden Momente sind aber nicht selten, sondern ebenso zahlreich, als es zeugungsfähige Menschen im Lande gibt, die in ihrer Vermehrung gehemmt sind, obgleich sie weit über dem Existenzminimum „des chernen Lohngesetzes" stehen. Solche Menschen machen in den Kulturländern weitaus den gröfsten Teil der Bevölkerung aus. Was können wir also von der genauen Kenntnis der Möglichkeit der Nahrungsproduktion jedes Individuums auf die zu erwartende Bewegung der Bevölkerung schliefsen? Offenbar nichts, ohne zugleich die psychologischen Faktoren, die Ideale, die Gewohnheiten, die Lebensansprüche auch zu kennen. Wie früher gesagt, ist der Satz von Malthus vielleicht und zuweilen so weit zutreffend für die niedrigste Stufe der Menschheit, dafs die Bevölkerungszahl einer Linie folgt, die nur gelegentlich über die Möglichkeit der Nahrungsverschaffung während der schlechtesten Zeiten steigt, und zu diesen Zeiten von der betreffenden Möglichkeit bestimmt ist. Über dieser Stufe ist der Satz nie wahr, als Ganzes betrachtet, und weicht weiter und weiter von der Wahrheit ab, je allgemeiner und regelmäfsiger die verschiedenen Teile der Bevölkerung von wirklicher Hungersnot entfernt sind.

§ 16. Hat Malthus die erwähnten Thatsachen und ihre Bedeutung vollkommen ignoriert? Ich habe schon darauf aufmerksam gemacht, was er in einer Randbemerkung sagt.[1]) In dem Falle, dafs eine neue Möglichkeit der Produktion nur wohlhabenden Leuten zu teil würde, wäre es auffallend klar, dafs keine bedeutende Zunahme der Bevölkerung folgen würde. Aber ausser dieser Anmerkung legt er dem Moment kein Gewicht bei und sieht nicht die weittragenden, seinen Satz vollständig leugnenden Consequenzen. An einer Stelle, wo er über die Zahl der Eheschliefsungen diskutiert, spricht Malthus von einem „Wechsel in den Sitten des Volks durch Hebung des Unterrichts oder aus anderen Gründen, der die verhältnismäfsige Zahl der Ehen vermindern kann"[2]), und sagt: „solche Veränderungen

---

[1]) § 12, d.
[2]) M. 159.

sind daher offenbar in Betracht zu ziehen." Einige Zeilen früher
spricht er von „einem Umschwung in den Sitten des Volks". Er
wollte aber in jenem Zusammenhang nur betonen, dafs in der Berechnung des Verhältnisses der Ehen zur Bevölkerung dieses Moment zu
betrachten ist. Er spricht oft von der Hoffnung des Fortschritts etc.,
besonders in den späteren Ausgaben, aber er sieht nicht das, was ich
zu beweisen gesucht habe, dafs alle solche Äufserungen mit den
Sätzen, worin er allgemein gültige Gesetze der Volksbewegung zu
formulieren versucht hat, in prinzipiellem Widerspruch stehen.

§ 17. In der That sind der moralische Zwang so wie die anderen
vorbeugenden Hemmnisse nicht mit dem Satz, dafs die Bevölkerung
unveränderlich da steigt, wo die Nahrungsmittel steigen (wie auch in
der Form, die Bevölkerung steht immer auf dem Niveau der Nahrungsmittel) so weit er mehr als eine selbstverständliche Bedeutung
beansprucht, verträglich. Zu dieser Theorie wurde Malthus durch
eine Zusammenstellung der zwei Sätze geführt[1]): erstens, die Bevölkerung hat die beständige Tendenz zur Vermehrung über die Nahrungsmittel hinaus; zweitens, die Bevölkerung ist notwendig durch
die Nahrungsmittel begrenzt; in diesen beiden Sätzen ist der Sinn
bei ihm sehr unbestimmt. Den sämtlichen Hemmnissen wird nur eine
solche Fähigkeit beigelegt, die Bevölkerung auf dieses „Niveau" zurückzudrängen, wenn sie „strebt" sich darüber zu heben. Und das
war eine natürliche Folge der Auffassung, dafs mittelbar oder unmittelbar alle Hemmnisse durch einen Mangel an Nahrungsmitteln hervorgerufen wären, also aufhörten, sobald die Bevölkerung wieder auf
dem „Niveau" der Nahrungsmittel stehe. Die vorbeugenden Hemmnisse, ganz besonders der moralische Zwang, stehen in Widerspruch
zu dieser Auffassung, aber Malthus nimmt den letzteren in der zweiten
Ausgabe seines Werkes auf, und setzt ihn neben das Elend und
Laster (die in der ersten Ausgabe als einzige Hemmnisse genannt
sind) als ein gleichgeordnetes Hemmnis; sonst liefs er seine allgemeine
Theorie unberührt.[2])

§ 18. Man wird also unvermeidlich zu der Überzeugung geführt,

—

[1]) M. 384 Anmerkung.

[2]) Was diese Theorie ist, und was ihre konsequente Anwendung auf die
Welt der Wirklichkeit ergibt, zeigt klar das Folgende: „Diejenigen also, die
ledig bleiben oder sich spät verheirathen, tragen mithin durch dies Verhalten keineswegs dazu bei, die dermalige Bevölkerung zu vermindern, sondern vermindern lediglich das Verhältnis der vorzeitigen Sterblichkeit, das sonst
ein übermässiges sein würde". M. 195—6.

dafs der Kernpuukt der Malthusschen Theorie, der notwendig aus
den sogenannten Thesen folgt, und der unaufhörlich in dem Werke wieder-
kehrt, fast nie in seiner vollen Bedeutung erkannt wird.[1]) In der
Geschichte der National-Ökonomie hat eine andere Theorie mit dieser
in wesentlichen Beziehungen eine auffallende Ähnlichkeit. Das ist
die Lohnfondtheorie, die fast gleichzeitig aufgetaucht ist, und die bis
vor Kurzem die wissenschaftliche Meinung beeinflufste. Nach der
einen werden die Löhne durch Division der zur Bezahlung von Arbeit
bestimmten Summe von Kapitalien, durch die Zahl der Arbeiter, festgestellt. Freilich, wie die Summe selbst bestimmt würde, ist nie erklärt worden. Nach der anderen wird die Bevölkerung mittelst Division der Summe der Nahrungsmittel durch die durchschnittlich von
einem Menschen konsumierte Quantität bestimmt. Auch hier fehlt jeg-
liche klare Angabe darüber, wie die Summe der Nahrungsmittel sowie die Nahrungseinheit bestimmt wird. Beide bieten in gleicher
Weise den Schein einer Erklärung, ohne in Wirklichkeit solche zu
bringen. Es ist Malthus nicht gelungen, eine haltbare Bevölkerungslehre zu geben.

---

[1]) Robert v. Mohl aber hat ihn richtig anerkannt (in Litt. u. Gesch. der
Staatsw. III, 499). Er sagt: „Es bestehen immer so viele Menschen als Lebens-
mittel für sie vorhanden sind, ist eine Wahrheit, welche eben den Kern der
Malthusschen Lehre ausmacht".

II. Abschnitt.

Neuere Ergebnisse der Statistik über einige Momente der Volksvermehrung.

In diesem Abschnitt werde ich die Resultate einiger statistischer Untersuchungen bringen, besonders mit Rücksicht auf die Wirkung der psychologischen Momente auf die Volksbewegung.

§ 19. In allen, besonders in den zivilisierten Ländern, kommt der weitaus gröfste Teil der Geburten von verheirateten Eltern. Also werden wir zunächst drei Momente, die für die Geburtenzahl wichtig sind, behandeln. 1) Die Zahl der Ehen im Verhältnis zu der Bevölkerung, resp. zu der Zahl der Ehefähigen. 2) Das Alter der Eheschliefsenden. 3) Die Kinderzahl in den Ehen.

a) Genaue statistische Angaben über das erste Moment fehlen bis zu diesem Jahrhundert, aber von Malthus nehme ich folgende Zahlen und Schätzungen, die er seiner Diskussion zu Grunde legte.

Zahl der Eheschliefsenden pro Mille.
Nach Malthus und in der neuesten Zeit.

	Frank-reich	Norwegen	England	Holland	Schweden	Quelle
Zahl pro Mille	14.7	15.4	17.4	18.5	17.86	M. 191—126—
Jahr	1825	(Wahrsch.) 1799	Anf. 17. Jht.	Etwa 1785?	1757—60	194—156—136
Zahl 1886-90	14.38	12.64	14.50	13.96	12.22	Births, D & M Enq. 1891. pl. XX.

Ich habe zum Zweck der Vergleichung die Zahlen für die betreffenden Länder in der fünfjährigen Periode 1886—90 hinzugefügt. Es zeigt sich, daſs in jedem Falle die Zahl eine kleinere in der letzten Periode ist. (In Frankreich allein ist der Unterschied sehr gering.)

b) Einen Vergleich der prozentualen Eheschlieſsung in fünfzehn Ländern, in den drei fünfjährigen Perioden 1876—90, findet man in folgender Tabelle.

Zahl der Eheschliefsenden pro Mille in 15 europäischen Ländern in den letzten drei fünfjährigen Perioden.

Periode	Engl. u. Wales	Däne-mark	Nor-wegen	Schwe-den	Holland	Frank-reich	Schott-land	Irland
1876—80	15.35	15.58	14.38	13.2	15.7	15.2	13.76	9.04
1881—85	15.14	15.42	13.48	12.88	14.28	15.0	13.76	8.66
1886—90	14.50	14.08	12.64	12.22	13.96	14.38	13.02	8.66

Periode	Österreich	Ungarn	Schweiz	Italien	Deutsch. Reich	Belgien	Preufsen
1876—80	15.5	19.3	14.82	15.06	15.68	13.80	15.86
1881—85	15.8	20.4	13.72	16.08	15.40	13.72	15.92
1886—90	15.4	17.7	14.06	15.56	15.82	14.16	16.18

Es zeigt sich, daſs in den ersten 11 von den 15 Ländern die Zahl eine niedrigere in der letzten als in der ersten Periode ist, und wieder in 7 dieser 11 ist in jeder der beiden letzten Perioden die Zahl eine kleinere als in der vorangehenden Periode. Eine fünfzehnjährige Periode ist zu kurz, einen Schluſs bezüglich der zu erwartenden Tendenz zu rechtfertigen, obgleich gegenwärtig eine Tendenz zur Abnahme vorhanden ist. Es ist jedoch wahrscheinlich, daſs mit der Öffnung vieler Berufe für die Frauen, welche ihnen eine unabhängige Existenz ermöglichen, mit der Entwickelung und Verbreitung der Versicherungsgesellschaften, der Alterspensionen etc. das Verhältnis der Eheschliefsenden zu den Ehefähigen ein kleineres werden wird.

Das Heiratsalter.

§ 20. a) Bei Malthus war bekanntlich das empfohlene Mittel für die Verringerung der Geburten und folglich die Hemmung der Volksvermehrung die Aufschiebung der Heirat bis in ein höheres Alter.[1] Dadurch ist die Periode der Fruchtbarkeit der Ehefrauen verkürzt; wenn z. B. die Gebärfähigkeit der Frau vom 15. bis 45.

---

[1] S. besonders M. Bd. IV, ch. 1—2. Auch pp. 403, 498 u. a. m.

Jahre (resp. 19—41 [1])) dauert, und die Heirat erst im 30. Jahre stattfindet, ist die mögliche Zahl der Kinder um die Hälfte vermindert. In allen Kulturländern ist diese Hemmung eine grofse, wie es durch eine Betrachtung der Verschiedenheiten unter den Völkern und unter den Klassen hervorgeht. Eine Tabelle für England zeigt in den verschiedenen Gesellschaftsklassen einen bedeutenden Unterschied des Heiratsalters, aber mehr auf Seiten des Mannes als auf Seiten der Frau.

Heirathsalter der Junggesellen und Mädchen.
In England, nach Gesellschaftsklassen.

		Junggesellen	Mädchen
Bergarbeiter (Miners)	V.	24.06	22.46
Textilarbeiter (Textile hands)		24.38	23.43
Schuhmacher, Schneider	II.	24.92	24.31
Andere Handwerker	II.	25.35	23.70
Gew. Arbeiter (Labourers)	V.	25.36	23.66
Handelskontoristen (Commercial Clubs)	III.	26.25	24.43
Ladeninhaber (Shopkeeper Shopmen)	II.	26.67	24.22
Landwirte (Janners and Sous)	I.	29.23	26.91
Liberale Berufe und Kapitalisen (Profes. & Indep. Class.)		31.22	26.40

(49 Annual. Report. of the Registrar-General of Births, Deaths and Marriages in England, London 1883 P. VIII.

Ein sehr ähnliches Bild bietet die Tabelle des Heiratsalters in verschiedenen sozialen Gruppen Kopenhagens. Die Gruppen setzen sich zusammen aus folgenden Berufsarten [2]):

I. Gruppe: Beamte, Anwälte, Ärzte und andere den liberalen Berufsarten angehörende Personen, ferner Fabrikanten, Kaufleute, Bankiers und ähnliche grössere Geschäftsleute.

II. Gruppe: Kleinere Handwerker und Gewerbetreibende, kleine Händler, Schankwirthe, Fischer, Maschinenmeister und dergleichen.

III. Gruppe: Lehrer, Musiker, Kontoristen, Handlungskommis, Angestellte in Kontoren und dergleichen.

IV. Gruppe: Unterbeamte, Ausläufer, Kellner, Dienstboten und dergleichen.

V. Gruppe: Handwerksgesellen, Fabrikarbeiter, Matrosen, Tagelöhner, sowie überhaupt alle, die der eigentlichen Arbeiterklasse angehören.

---

[1]) Nach Rümelin u. A. Wagner I. 1. 2. 493.
[2]) Rubin u. Westergaard, Statistik der Ehen. S. 40.

Heiratsalter.

In Kopenhagen für 11519 Paare, welche in den 5 Jahren 1878—82 getraut wurden.

		Junggesellen	Mädchen
I. Gruppe:		32.2	26.5
II.	„	31.2	27.6
III.	„	29.7	26.5
IV.	„	28.0	26.8
V.	„	27.5	26.8
Zusammen		28.8	26.9

(St. der Ehen s. 48.)

c) In den Landdistrikten Fünens, Dänemark war das Heiratsalter verschiedener Gruppen folgendes:

In den Landdistrikten Fünens, Dänemark, 1878—82.

			Junggesellen	Mädchen
I.	Gruppe:	Beamte, Gutsbesitzer und Kapitalisten	31.3	26.7
II.	„	Handwerker, Kaufleute, Seeleute . .	29.5	27.6
III.	„	Schullehrer, Bedienstete	30.0	26.9
IV.	„	Hufner und Halbhufner	32.3	27.8
V.	„	Häusler mit Feld	33.5	31.3
VI.	„	Häusler ohne Feld	30.2	29.6
VII.	„	Hausgesinde	28.7	27.6
		Zusammen	30.4	28.2

(St. der Ehen s. 52.)

Betreffs dieser Zahlen hat man bemerkt [1]: „Das Heiratsalter des feldbesitzenden Bauernstandes ist durchschnittlich ca. $32\frac{1}{2}$ bis $33\frac{1}{2}$ Jahr, d. h. nach der letzteren Zahl beinahe 5 Jahre höher als das des Hausgesindes. Die Ursache ist sicherlich in dem Umstand zu suchen, dafs der Bauernstand eine gewisse Neigung hat, nicht eher zu heiraten, bis er sein Feld (die Hufe oder das Haus), von welchem er leben soll, in die Hand bekommen hat." Und weiter über denselben Gegenstand [2]: „Aus dem Vorstehenden geht somit hervor, dafs man einen Gegensatz zwischen dem besitzenden Teil der Bevölkerung. dem Teil, welcher etwas zu erwerben und etwas zu erwarten hat, und dem Teil, der ohne Chancen ist, konstatieren kann. Wenn Gutsbesitzer und Beamte etc. früher als die besitzenden Bauern heiraten, so läfst sich dies leicht dadurch erklären, dafs sie früher dazu imstande sind. weil sie schon ein Amt haben oder besonders wohlhabenden Familien angehören (während die Mitglieder

---

[1] Rubin. Statistik der Ehen. 53.
[2] Statistik der Ehen, 54.

der ersten Gruppe in Kopenhagen in der Regel länger warten
müssen, ehe sie eine gesicherte Existenz vor sich sehen). Übrigens
steht es mit den schon für die Hauptstadt gemachten Beobachtungen,
dafs, absolut betrachtet, die besser Situirten am spätesten heiraten,
in Übereinstimmung, wenn auch auf dem Lande der besitzende
Bauernstand mit späteren Ehen den Ständen ohne Feld, dem Land-
handwerker und besonders dem Hausgesinde voransteht."

§ 21. Die interessante Thatsache, die aus der Tabelle hervorgeht, ist, dafs auf dem Lande unter den kleinen Grundbesitzern das
Heiratsalter, sowohl der Mädchen wie der Junggesellen, das höchste
ist. Heutzutage ist vielleicht die Meinung über den Einflufs des
bäuerlichen Grundbesitzes nicht so verschieden als früher. J. S.
Mill am Ende des Kapitels über bäuerliche Grundbesitzer gibt seiner
Meinung folgendermafsen Ausdruck [1]): „Das Resultat der Untersuchung über die unmittelbare Wirkung und die mittelbaren Einflüsse der bäuerlichen Güter scheint mir folgendes zu sein: dafs
keine andere bestehende Art des Feldbaues eine so günstige Folge
für den Fleifs, die Intelligenz, die Sparsamkeit, die Vorsicht der
Bevölkerung hat, und dafs im Ganzen keine so geeignet ist, einer
unvorsichtigen Volksvermehrung entgegenzuarbeiten." Malthus aber
glaubte gerade das Gegenteil.[2]) Er sagt, ein Zustand, wo die Zahl
kleiner Landwirte und Eigentümer grofs ist, „trägt immer stark zur
Beförderung der Volksvermehrung bei".[3]) Er kannte keinen Unterschied in dieser Beziehung zwischen arbeitenden Klassen, die zum
gröfsten Teil Grundbesitzer, und denen die Tagelöhner sind.[4]) Seine
unzweifelhaft falschen Ansichten über diesen Gegenstand entsprangen
aus der irrtümlichen Auffassung, dafs er in den Nahrungsmitteln,
nicht in den Menschen selbst den wahren Regulator der Bevölkerungszahl gefunden habe, also dafs, was den Ackerbau begünstige, die
Bevölkerung notwendigerweise vermehren müsse.[5])

§ 22. a) Aus den Tabellen ergibt sich: der Eintritt der Mäd-
chen in die Ehe geschieht im Durchschnitt in allen erwähnten
Klassen bedeutend später als die Erreichung des heiratsfähigen
Alters (und zwar ungefähr 4 bis 11, resp. 8 bis 15 Jahre später)

---

[1]) Mill. Prin. of Pol. Ec. Bd. II, ch. V, § 5.
[2]) M. 112.
[3]) M. 179.
[4]) Bagehot, Economic Studies, 147.
[5]) M. 180.

Die Unterschiede zwischen den verschiedenen Klassen sind aber für
die Mädchen gewöhnlich nicht so stark ausgeprägt, als für die
Männer. Eine Ausnahme dieser Beobachtung bildet eine Klasse in
den Landdistrikten Fünens. Solche Fälle sind nur durch die Sitten
zu erklären. In Fünen wahrscheinlich deutet es auf längere Ver-
lobung unter den Häuslern hin, als unter den Leuten in der ersten
Gruppe. Solche Fälle zeigen, wie mannigfaltig die Einflüsse sind,
denen Rechnung zu tragen ist. In England auch ist der Unterschied
im Alter der Mädchen bedeutend und zeigt eine Tendenz, mit dem
Alter der Männer zu steigen. Die extremen Zahlen laufen auch
hier, aber nicht so weit für die Mädchen auseinander als für die
Männer.

b) In Bezug auf das Heiratsalter der Männer zeigen die Tabellen
ganz allgemein, daſs die ärmsten, ganz besitzlosen Klassen am frü-
hesten in die Ehe treten und gewöhnlich sind es die wohlhabendsten
Klassen, die es am spätesten thun. Auf die Ausnahme, die die
Kleingrundbesitzer in dieser Beziehung bilden, ist schon genügend
aufmerksam gemacht worden.

c) Die Zahl der Untersuchungen über das Heiratsalter in un-
mittelbarem Anschluſs an die soziale Gliederung (wie die oben gegebenen Beispiele) ist eine beschränkte, aber es gibt eine Reihe von
Tabellen, wo von gewissen Merkmalen auf die durchschnittliche
Wohlhabenheit oder den Grad der Entwickelung der Vorsicht ganzer
Distrikte geschlossen wird. In mehreren dieser Tabellen, wenn man
die betreffenden Distrikte in Gruppen ordnet, scheint der Einfluſs
dieser Momente auf das Heiratsalter ziemlich klar zu sein. Wenn
die Provinzen Italiens nach der Zahl der Sparkassendeponenten in
5 Gruppen geteilt werden, so entspricht eine aufsteigende Reihenfolge der Zahl der Deponenten pro hundert Einwohner, eine abstei-
gende Reihenfolge der Zahl der frühzeitigen Eheschlieſsungen (bei
den Männer unter 26 Jahren).[1] In Österreich, wenn man die Provinzen ähnlicherweise in drei Gruppen teilt, ist der Unterschied
noch ausgeprägter.[2] In England[3] (4 Gruppen), und Preuſsen[4]
(3 Gruppen) zeigt sich dasselbe Resultat. In den skandinavischen
Ländern[5] zeigt der Prozentsatz der frühzeitigen Ehen eine ähnliche

---

[1] Tallqvist Tendance à une moindre fecondité. p. 27.
[2] Derselbe 29.
[3] Derselbe 29.
[4] Derselbe 30—1.
[5] Derselbe 31—3.

Opposition zu dem Prozentsatz der Sparkassendeponenten, indem
der eine fällt, wo der andere steigt, obgleich die Korrespondenz nicht
sehr auffallend ist.

d) In der Schweiz aber, wo „die Vorsicht sehr entwickelt ist
und die Sparkassen eine große Rolle spielen" [1]. spürt man nicht
diese Opposition in den Zahlen. Auch „in Frankreich, wo der Einfluß der Vorsicht auf die Eheschließung unbestreitbar ist, sind die
Unterschiede in dem Heiratsalter nicht von den verschiedenen Gra-
den der Vorsicht bestimmt" [2], soweit man wenigstens von der Zahl
der Sparkassendeponenten [3]), oder der Zahl der Mitglieder der So-
ciétés de secours mutuels [4]), auf die Vorsicht schließen kann. „Weit
entfernt davon, ein unmittelbares Verhältnis zwischen der Zahl der
Sparkassendeponenten und dem Heiratsalter zu finden, bemerkt man
gerade das Gegenteil: je zahlreicher die Deponenten sind, desto
jünger heiratet man." [5]) Eine Vergleichung der Steuer pro Kopf
und des Heiratsalter der Männer und Frauen gibt ein ähnliches Resultat. Wenn man die 86 Departements in vier Gruppen anordnet,
heiraten 24,68 Prozent der Männer in der ärmsten Gruppe unter
25 Jahren, und ein steigender Prozentsatz in jeder der reicheren
Gruppen.[6]) Wenn man die 23 am meisten Gewerbe treibenden Departements ausschließt, ergeben sich 6 Gruppen mit noch ausgepräg-
teren Unterschieden im Heiratsalter.[7])

§ 23. Im allgemeinen bezüglich der gegenwärtigen Tendenz
des Heiratsalters in den Ländern, wo eine Statistik über den Gegenstand vorhanden ist, kann man nicht sagen, daß sie eine steigende
ist. Das Gegenteil ist vielmehr der Fall. In den ersten Decennien
des Jahrhunderts stieg das Heiratsalter in einigen Fällen, aber zwischen 1860—80 in Schweden, 1845—75 in Norwegen, 1851—81 in
England und Frankreich, 1841—80 in Belgien ist es wieder ein
wenig gefallen.[8]) Diese Thatsachen sollte man berücksichtigen im
Verhältnis mit der später zu erwähnenden, in den meisten Fällen
gleichzeitig fallenden Geburtenzahl, und hier bemerken wir, daß sie

---

[1]) Tallqvist 33.
[2]) Tallqvist 35.
[3]) Tallqvist 36. Tabelle 13.
[4]) Tallqvist 36. Tabelle 14.
[5]) Tallqvist 35.
[6]) Tallqvist 42. Tabelle 21.
[7]) Tallqvist 42. Tabelle 23.
[8]) Aus offiziellen Quellen gewonnen von Tallqvist 23—4—5.

gleichzeitig mit einer durchschnittlich verbesserten ökonomischen
Lage vorgekommen sind. M. Tallqvist glaubt infolgedessen, dafs es
nicht möglich ist, ohne grofse Einschränkung der Meinung zuzu-
stimmen: „je mehr die Gesittung eines Volks sich entwickelt, desto
mehr erhöht sich das Heiratsalter der zwei Geschlechter."[1] Er
schliefst aus den Thatsachen, dafs die Vorsicht im allgemeinen eine
Tendenz hat die Eheschliefsung zu verspäten, dafs aber ihre Wirksamkeit in dieser Hinsicht nicht regelmäfsig steigt, sondern endlich
an einer gewissen Grenze aufhört, und dafs in einigen Ländern, namentlich in Frankreich und der Schweiz, sie sich dieser Grenze
nähert.[2] Man könnte wohl etwas gegen die Methode der Untersuchung, die zu diesem Schlufs führt, einwenden. Die grofsen
Klassenunterschiede in der Bevölkerung der einzelnen Provinzen, die
vielen anderen Mittel ausser den gewählten Merkmalen (Sparkassen
u. s. w.), wodurch die ökonomische Vorsicht sich geltend machen
kann, und die unzähligen Einflüsse der Sitten, Moden, industriellen
Verhältnisse, machen gegen einen allgemeinen Schlufs vorsichtig.
Aber soweit direktere Angaben fehlen, kann man sich gewissermafsen
auf diese Ergebnisse verlassen. Das Bild, das die direkte Untersuchung über das Heiratsalter nach der sozialen Gliederung in den
Landdistrikten Fünens gibt, stimmt mit den gegebenen Schlüssen
überein, da es ein etwas früheres Heiratsalter in der wohlhabendsten
Klasse zeigt, als in der Klasse der kleinen Grundbesitzer.

§ 24. „Die Vorsicht bei der Eheschliefsung besteht darin, sich
nicht zu verheiraten, bevor man imstande ist, eine Familie zu unterhalten"[3], und (wir können hinzufügen), bequem zu unterhalten. Die
Höhe aber der Ansprüche ist für jedes Land, jede Klasse, und fast
jedes Individuum eine andere. Das wichtige Moment also ist das
Verhältnis, das zwischen dem Ideale der Behaglichkeit und der
Fähigkeit, dieses Ideal zu erreichen, besteht. Malthus glaubte, dafs
es unzweifelhaft sei, dafs zu seiner Zeit das Verhältnis der Eheschliefsenden zur Bevölkerung ein kleineres wie früher geworden sei.[4]
Er gibt als Ursachen dafür eine Reihe von Thatsachen an. Er glaubte
an die Möglichkeit einer weiteren Verminderung unter gewissen Umständen, z. B. „wenn in der Zukunft die gröfsere Zahl der Kinder,

[1] Citirt von von Fircks „Rückblick auf die Bewegung der Bevölkerung"
S. 166. Tallqvist 47.
[2] Tallqvist 40.
[3] Tallqvist 40.
[4] M. 476.

die wegen der Einführung der Impfung das Mannesalter erreichen, eine solche wäre, dafs sie alle Geschäfte drängte. die Arbeitslöhne heruntersetzte, und es schwieriger machte, eine Familie zu unterhalten." Das Wichtige dabei ist seine Auffassung von der Ursache der zu erwartenden Hemmung der Eheschliefsung. Das Prinzip der Relativität [1] des Einkommens zu den Lebensansprüchen des Individuums fällt ihm nicht ein. Nicht blos durch Verschlechterung der durchschnittlichen Lage der Bevölkerung resp. eines Teils derselben, sondern auch mit einer Verbesserung derselben zu gleicher Zeit mit erhöhten Ansprüchen und gewachsenen Idealen, kann derselbe Einflufs auf das Heiratsalter und andere die Geburtenzahl betreffende Momente ausgeübt werden.

Die Kinderzahl in den Ehen.

§ 25. Es ist schon lange im allgemeinen ausgesprochen worden, dafs die ärmeren Klassen die meisten. die reicheren Klassen die wenigsten Kinder haben. Ich werde durch die mir zugänglichen Zahlen näher zu bestimmen versuchen, wie weit diese Behauptung Stich hält. Wenn ich von der Wirkung des Besitzes auf die Kinderzahl spreche, wird vorausgesetzt, dafs im Grofsen und Ganzen der Besitz nur durch gewisse geistige Eigenschaften zu erwerben, von diesen Eigenschaften gewöhnlich begleitet ist, und wiederum eine Rückwirkung auf den Charakter ausübt. Es sind diese Eigenschaften also, und nicht der Besitz, die wir als das eigentlich Wichtige aufzufassen haben.

a) Als einfachste Methode zur Vergleichung des Reichtums und der Geburtenzahl in den Vereinigten Staaten habe ich die Staaten und Territorien auf zweierlei Weise geordnet. erstens nach der Geburtenzahl pro Mille Frauen zwischen 15 und 49 Jahren; zweitens nach dem Vermögen pro Kopf der Bevölkerung. Wenn man die erste Reihe in Gruppen von 10 teilt und jeder Gruppe die Summe der Nummern der betreffenden Staaten in der Reihenfolge nach Vermögen gegenübersetzt, bekommt man folgendes:

---

[1] Diese Relativität, obgleich von Malthus nie erwähnt und gewöhnlich ignoriert. liegt oft doch notwendigerweise zu Grunde seinen Ausführungen, wie z. B. wenn er von dem Vorteil einer Vermehrung der Mittleren im Vergleich mit den anderen Klassen der Gesellschaft spricht. (M. 473.)

Vergleichung der Geburtenzahl und des Vermögens
in den Vereinigten Staaten (1880).

	I. Gruppe	II. Gruppe	III. Gruppe	IV. Gruppe	V. Gruppe
Summe der Reihenfolge-nummern nach Geburten	55	155	255	355	455*
Dieselbe nach Vermögen pro Kopf	79	157	301	334	379

*) In diesem Verhältnis. Die Zahlen für die Gruppe von 7 sind 208:257.
Quelle: 10 Census of the U. S. Vol. I , und Vol. VII, p. 14.

Es zeigt sich eine ziemlich auffallende Correspondenz zwischen
den zwei Reihen, obgleich in den 47 sehr verschiedenen Distrikten
es so viele andere störende Momente gibt.

b) In Frankreich ist nach der „statistique annuelle" der Ehe-
vertrag das Zeichen eines gewissen Vermögens auf einer oder beiden
Seiten. Ich habe die Zahl der Eheverträge pro hundert Trauungen
mit der Geburtenzahl pro Mille der Bevölkerung und auch mit der
ehelichen Geburtenzahl pro Eheschliefsung (1887) in den 20 Arrondissements von Paris verglichen, mit dem Resultat, dafs in der ersten
Tabelle 11, in der zweiten 10 Gruppen sich ergeben mit auffallend
regelmäfsiger Opposition zwischen dem Grad der Wohlhabenheit und der Geburtenzahl. Ich führe die erste dieser Tabellen an.

Vergleich zwischen der Zahl der Eheverträge zu 1000 Eheschliefsungen
(= A) und der Geburtenzahl pro Mille der Bevölkerung (= B)
1887 in Paris.

Arron-dissement	A	B
8	358.24	14.21
9	308.24	18.94
6—1—7	271.86—247.14	20.30
16	228.02	21.09
10—3–5	213.23—195.20	24.90
17—4—2	189.00—170.66	25.49
14—15—12	132.50—114.12	28.50
11	106.53	28.77
13—18	81.17—72.00	30.48
19	61.05	32.22
20	57.68	33.49
Zusammen		26.08

Quelle: Annuaire Statistique de la Ville de Paris, 1887.

Eine ähnliche Vergleichung für ganz Frankreich (1877—81) ergibt in vier Gruppen dasselbe Resultat.

c) Vielleicht noch auffallender ist die folgende Tabelle für Berlin, wo die Reihenfolge nach Geburtenzahl der 13 Stadtämter eine fast regelmäßige Opposition mit der Reihenfolge nach der Miete zeigt.

Vergleich zwischen dem Mietwerte der Wohnungen und Gelasse, die vermietet waren (im ersten Quartal 1891) pro Einwohner (= A) und den Geburten pro Mille der Bevölkerung (= B) (Durchschnitt für 1890 u. 91) in den Stadtämtern Berlins.

Stadtämter	A (in Mark)	B.
I—II	472.5—465.1	17.58
III	251.6	22.46
VI	217.5	23.67
IX	170.3	26.38
XII . IV	153.6—148.3	33.57
VIII	131.5	34.00
VII	117.7	37.80
XI . V	117.1—99.2	38.39
X	96.5	40.30
XIII	84.2	42.86

Quellen: Mietwert im ersten Quartal 1891 im Jahrbuch für Berlin, 17. Jahrgang S. 377. Bevölkerung, Durchschnitt für 1890—91 im Jahrbuch, 18. Jahrgang S. 37; Geburten auch daselbst.

In einer anderen Tabelle, die auf Grund der Ergebnisse der Berliner Volkszählung von 1885 zusammengestellt ist, wird der Mietwert verglichen mit dem Prozentsatz der Ehen, die eine gewisse Zahl von Kindern haben. Die Tabelle ist so zu lesen: in der ersten Gruppe hatten von je hundert Ehen 77,3 0—4 Kinder; hatten 20,7 5—10 Kinder; und 2 hatten 11 Kinder oder mehr.

(Siehe Tabelle Seite 56.)

Es zeigt sich also in den 11 Gruppen ein regelmäßiges Absteigen der Zahlen in der ersten Reihe (0—4 Kinder), von der reichsten bis zu der ärmsten Gruppe. Die Unterschiede zwischen den Gruppen sind noch mehr hervorzuheben wegen der Unterschiede in der Dauer der Ehen. Es ist gerade die reichste Gruppe (die mit dem größten Prozentsatz der Ehen mit kleiner Kinderzahl), welche den kleinsten

---

¹) Tallqvist 58 Tabelle 37.

Prozentsatz der Ehen von kurzer Dauer (0—9 Jahren) hat, und die Zahl steigt ziemlich regelmäfsig zu der vorletzten Gruppe. Wäre

Vergleich zwischen dem Mietwerte der Wohnungen (mit und ohne Gewerberäume) pro Kopf der Bevölkerung (= A) und dem Prozentsatz der Ehen mit gewissen Kinderzahlen, nach Stadtteilen, in Berlin 1885.

Stadtteile.	A (in Mark.)	Prozent der Ehen mit			B
		0—4 Kinder	5—10	11 und darüber	
1. Tiergarten Vst., Dor.St., Fr.St.	309.5—241.8	77.3	20.7	2.0	39.84
2. Fr. u. Schön., Neu Cölln, Fr.					
Wd., Berlin	221.7—148.8	76.9	21.6	1.5	43.15
3. Fr. Wm.St.. Alt Cölln . . .	143.5—143.3	76.0	22.4	1.6	43.82
4. Luisenstadt diesseits . . .	142.6	75.7	22.7	1.6	43.94
5. Spandauer Vtl., Fr. u. Jerus.,					
Königsvtl.	125.6—98.0	74.3	23.8	1.9	47.46
6. Stralauer weit.. Luis. jens. w.	96.4—91.8	73.4	24.7	1.9	50.50
7. Rosenthal. s., Moab., Oranienb.	83.6—81.0	72.8	25.2	2.0	50.03
8. Stralauer öst.	75.1	70.4	26.8	2.8	50.09
9. Rosenthaler Vst. nörd. .	70.9	69.8	27.3	2.9	49.64
10. Luisenstadt jenseits öst. . .	60.0	69.4	28.1	2.5	54.35
11. Wedding	52.8	65.8	31.2	3.0	46.82

B. = Prozent der Ehen mit einer Dauer von 0—9 Jahren. Quelle: Berliner Volkszählung 1885. Bevölkerung I, 37. Miete III 25. Zahl der Kinder pro Ehe II 41. Ehedauer daselbst.

es also möglich, einen Vergleich nur für die Ehen gleicher Dauer aufzustellen. würden die Unterschiede in der Kinderzahl noch deutlicher sich zeigen.

d) Es war nicht möglich, mit den zur Verfügung stehenden Angaben einen sehr detaillierten Vergleich für London zu machen; ich gebe aber einen solchen zwischen den 5 grofsen Distrikten. Der südliche Distrikt ist von grofsem Umfang und sehr wahrscheinlich von billiger Miete, was die Ausnahme in der Tabelle zum grofsen Teil erklärt.

(Siehe Tabelle 57.)

e) Unter anderen Untersuchungen, die den Einflufs des Besitzes auf die Geburtenzahl zeigen, erwähne ich eine Tabelle, die von M. A. Bertillon bearbeitet wurde, und die zeigt, dafs, wenn die Departements Frankreichs. nach Zahl der Besitzer pro Mille in 3 Gruppen geteilt werden, die Prozentsätze der Geburten in umgekehrter Ord-

nung stehen [1]) (im Jahre 1862). Eine ähnliche. aber spätere Vergleichung [2]) zeigt dasselbe Resultat in noch ausgeprägterer Form.

Vergleich zwischen dem Prozentsatz der Einwohner, die in
Wohnungen("tenements") mit weniger als 5 Zimmern leben und
mehr als eine Person pro Zimmer, (= A) mit der Geburtenzahl pro Mille der Bevölkerung (= B) in den Distrikten
Londons, 1891.

Zahl der Einwohner pro Acre.	Distrikter	A	B
85.3	West	38.7	27.6
	North	43.0	30.1
	Central	57.1	33.2
	East	59.1	37.9
35.3	South	38.0	31.4

Quelle: Cenam of England and Wales 1891, Vol. II
von „Area, Homes & Population", pp. 20 u. 38.

Eine ganze Reihe von Tabellen. worin die Geburtenzahl mit
der ökonomischen Vorsicht, wie sie sich in der Benutzung freiwilli-
ger Sparkassen und Versicherungsgesellschaften in fast allen Ländern Europas zeigt, verglichen wird, gibt regelmäfsig das Resultat
einer kleineren Geburtenzahl im Durchschnitt, wo das genannte Moment gröfser ist.[3])

§ 26. a) Für die Arrondissements von Paris habe ich einen
Vergleich aufgestellt zwischen der Zahl der Kinder, die durch die
Ehe legitimiert wurden, und der ehelichen Geburtenzahl in den be-
treffenden Arrondissements. und noch einen Vergleich zwischen dem
Prozentsatz der unehelichen Geburten und der Zahl der ehelichen
Geburten pro Eheschliefsung. 1887. Ich führe nur die letztere Ta-
belle an, denn die Resultate sind fast gleich.

(Siehe Tabelle Seite 58.)

Es scheint auf den ersten Blick eigentümlich, dafs je mehr Kinder aufserhalb der Ehe geboren sind, desto fruchtbarer die Ehen
in demselben Arrondissement sind. Die Erklärung aber, die auf
der Hand liegt, ist, dafs die Zahl jener ein ziemlich genaues Zeichen

---

[1]) Citirt von Levasseur, La Pop. Française III, p. 178.
[2]) Report of Births Deaths & Marriages, England 1878, p. XVII.
[3]) Tallqvist passim p. 51—75.

der sozialen Stellung der Einwohner der verschiedenen Stadtteile ist.

Vergleichung in den Arrondissements von Paris, zwischen dem Prozentsatz der unehelichen Geburten zu der Zahl der ehelichen Geburten und der ehelichen Geburtenzahl pro Eheschliessung (1887.)

Nummer der Arrond.	Prozent der unehelichen Geburten	Zahl der Eheschliefsungen	Zahl der ehelichen Geburten	Geburten pro Eheschliefsung
8	16.10	977	1019	1.04
16—9	28.50—28.90	1800	2677	1.43
7—1	30.42—33.12	1384	2288	1.65
10—2—6	39.19—44.34	2924	5085	1.74
3	46.53	808	1566	1.91
17—4	47.89—51.89	2339	4744	2.02
12—5	53.11—53.77	1802	4182	2.32
15—14—11	58.85—63.14	3712	8811	2.37
19—18	70.64—70.70	2724	7106	2.61
13×20	70.72—85.25	2032	5608	2.76

Quelle: Annuaire Statistique de la Ville de Paris, 1887.

b) In Berlin gibt eine Vergleichung, aber nicht von genau denselben Elementen, folgendes Bild.

Die Standesämter Berlins nach der Zahl der unehelichen Kinder (= A) im Vergleich mit der Geburtenzahl im Allgemeinen (= B), beides pro Mille der Bevölkerung.

Die Standesämter	A	B
II	2.20	16.94
III—1	2.72—2.86	20.95
VI	2.88	23.67
IV	3.26	31.84
Va	4.30	35.65
XII	4.39	35.76
VIIb—XI	4.43—4.45	38.75
Vb—XIII	4.49—4.67	40.99
Xb	4.69	44.23
VIIb—Xb—VIII IX	5.09—5.88	33.53

Quelle: Stat. Jahrbuch der Stadt Berlin, 18. Jahrgang (für das Jahr 1891), A wird S. 37 angegeben. Die Bevölkerungszahl zu 1. Dez. 1890, daselbst. Die Geburtenzahl ist der Durchschnitt der Jahre 1890—91.

Die letzte Gruppe bildet eine Ausnahme, welche zum Teil dadurch erklärt wird, dafs in den Ämtern VIII und IX die grofsen Frauenkliniken sich befinden. Durch diese Thatsache wird nicht nur die Zahl der unehelichen Geburten in dieser Gruppe erhöht, sondern auch die von anderen vermindert und die wirkliche Reihenfolge, die nach der Wohnung der Mütter sich ergeben würde, teilweise gestört. Sonst ist die Korrespondenz eine sehr ausgeprägte.

§ 27. a) Der Unterschied in den Vereinigten Staaten zwischen der Geburtenzahl der Weifsen und der Neger zeigt sich in der folgenden Tabelle, obgleich die Geburtenzahl der Weifsen in diesen Gruppen gewöhnlich höher als in der Union im allgemeinen ist. Die Neger machen den ärmsten Teil der Bevölkerung aus, und sind im Durchschnitt durch einen sprichwörtlichen Mangel an Vorsicht, eine Nachwirkung der Sklaverei, charakterisiert.

Vergleich der Geburtenzahl pro Mille der Weifsen und der Farbigen in allen „grofsen Gruppen" wo die letzteren 20% der gesamten Bevölkerung ausmachen in den Vereinigten Staaten 1880.

Nummer der Gruppe	Gerburtenzahl der Weifsen	der Farbigen
8	26.9	38.7
2	29.5	36.1
10	30.8	34.1
15	30.5	37.7
4	33.1	34.7
3	35.2	37.8
12	35.8	37.7
11	36.2	39.8
9	38.0	39.3
14	41.2	41.8
Zusammen	32	38.6

Quelle: Census of 1880. Vol. XII, p. 658.

b) Die höhere Geburtenzahl bei den Eingewanderten im Verhältnis zu den weifsen Eingeborenen in den Vereinigten Staaten ist ein ausnahmloses Ergebnis der Statistik. So grofs ist der Unterschied, dafs er bestimmend sein kann für die relative Geburtenzahl der verschiedenen Gruppen (von „Counties") eines Staates wie Minnesota, wo der Prozentsatz der Einwanderer sehr grofs ist. (1880 = 34,3 der Bevölkerung.)

Vergleichung der drei „State Groups" im Staate Minnesota in Bezug auf den Prozentsatz der Eingewanderten
und die Geburtenzahl (in 1880.)

	Prozent der Ein-wanderer zur ganzen Bevölkerung	Geburtenzahl pro Mille der Bevölkerung	Geburtenzahl pro Mille der Frauen zwischen 15—49 J.
I. Gruppe	33.4	31.0	132.7
II. „	33.6	35.4	162.3
III. „	41.7	37.6	185.4

Quelle: Vol. „Population", Census von 1880, Ver.-St.

Im Jahre 1882 betrug die Zahl der Geburten in Minnesota, wo
beide Eltern Eingeborene waren 7779, wo nur einer der Eltern eingeboren war 3491, wo beide Eingewanderte waren 16134. Wenn
die Hälfte der Kinder von gemischter Abkunft zu jeder der anderen
Klassen gezählt wird, und die Geburten (1882) mit der Bevölkerung
(1880) verglichen werden, so bekommt man folgende Geburtenzahl
pro Mille für die zwei Klassen.

Vergleichung der Geburtenzahl der Einwanderer und der Eingeboren in
Minnesota.

	Bevölkerung (1880)	Prozent	Geburten (1882)	Prozent aller Geburten	Geburtenzahl pro Mille der Bevölkerung
Eingewanderte	267 676	34.3	17 929	65.2	66.9
Eingeborene	513 097	65.7	9 575	34.8	18.6

Quelle: Bevölkerung, U. S., Census 1880, Band „Population"; Geburten,
„Annual Report Cono. of Minnesota p. 64—66, Jahr 1882.

Die Einwanderer also, die ein Drittel der Bevölkerung ausmachen, haben fast zwei Drittel der Geburten. Wegen der Alters-
verteilung der zwei Klassen aber können diese Zahlen leicht einen
falschen Eindruck machen.

Im Staate Vermont war im Jahre 1876 die Geburtenzahl pro
Mille für die Eingeborenen 19,5. für die Eingewanderten 51,5. Ein
wahreres Bild bietet ein Vergleich der Geburten von eingeborenen
resp. eingewanderten Eltern mit der Zahl der Eheschliefsungen im
Jahre 1876. Es ergibt sich daraus, dafs in jener Klasse die Kinderzahl 2,3, in dieser 4,7 pro Eheschliefsung war.[1])

Andere Zahlen werden in anderem Zusammenhang [2]) gegeben

---

[1]) 20 th Registration Report of Vermont 1876, p. 108.
[2]) § 31 c, d, e.

werden, die denselben Unterschied zwischen Eingewanderten und
Eingeborenen (Weifsen) in den V. S. betreffs der Geburtenzahl zeigen. Der gröfsere Teil der Analphabeten ist unter den Einwanderern zu finden, welche ferner den ärmeren Teil der Bevölkerung
ausmachen. Also harmonieren diese Thatsachen mit den anderen
angeführten Beispielen von dem Einflusse der Wohlhabenheit und
sozialen Stellung auf die Kinderzahl.

Verschiedene Vergleichungen für Frankreich, Schweiz, England
und Belgien zeigen den Zusammenhang zwischen der Zahl der Analphabeten und der Geburtenzahl.[1])

§ 28. Wir gewinnen durch die angeführten Tabellen ein auf-
fallendes Bild von dem Einflufs der Wohlhabenheit, oder derjenigen
Eigenschaften, die im Durchschnitt damit vereint sind, auf die Kinderzahl. Die schädliche Wirkung des Elends, der Armut, der Hoff-
nungslosigkeit auf die Selbstbeherrschung und die Mäfsigkeit des
Menschen ist nicht zu bestreiten. Mit der Entwickelung der geistigen
Fähigkeiten, mit der Veränderung der Umstände derweise, dafs
der Vorsicht und Enthaltsamkeit ein Ziel und Motiv geboten wird,
steigt auch die Hemmung und Beherrschung des Geschlechtstriebes.
Man sieht also, von den armen Klassen ausgehend, eine verminderte
Geburtenzahl und eine kleinere eheliche Fruchtbarkeit Hand in
Hand gehen mit gesteigertem Vermögen resp. Sparsamkeit. Wenn
man diese Übereinstimmung durch eine physiologische Hypothese
wie die von Doubleday von der Wirkung einer reichlichen Nahrung
auf die Fruchtbarkeit erklären will, mufs man erwarten, diese Wirkung in viel ausgeprägterem Mafse in den allerreichsten Klassen,
den Kreisen des Luxus, zu finden. Im Gegenteil, wenn man die
Erscheinung psychologisch anstatt physiologisch erklärt, ist man bereit, eine gewisse Abweichung von der allgemeinen Tendenz zu finden und zwar aus folgenden Gründen, dafs zwischen den armen und
den mittleren Klassen ein viel gröfserer Unterschied bezüglich Vorsicht, Bildung u. s. w. als zwischen den mittleren und den reichsten
Klassen besteht; und zweitens, weil die psychologische Erklärung
eine kleinere Kinderzahl da erwartet, wo zugleich mit den nötigen
Eigenschaften der Vorsicht und Selbstbeherrschung es von Vorteil
ist, die Kinderzahl zu beschränken. Diese Theorie findet sich, obgleich die zu deren Beweis anwendbaren Untersuchungen nicht

---

[1]) Leroy-Beaulieu im „Journal of Royal Statistical Society" June 1891, p. 376.
Tallqvist 76—80.

sehr zahlreich sind, durch einige Thatsachen sehr wohl unterstützt.

§ 29. a) In der wohlhabendsten Klasse Kopenhagens [1]) haben
die Ehen durchschnittlich eine längere Dauer als in den anderen.
Wenn man dieses Moment in Rechnung bringt für die verschiedenen
Klassen, hat man das folgende Bild von der Kinderzahl.

Kinderzahl der Ehen in Kopenhagen, 1880, nach Gruppen und nach Dauer
der Ehe. (St. der Ehen 85.)

Gruppe	unter 5 Jahre	5—9 Jahre	10—14 Jahre	15—24 Jahre	25 und darüber
I	0.99	2.59	3.70	4.24	4.80
II	1.11	2.52	3.51	4.32	4.91
III	0.92	2.27	3.23	3.77	4.35
VI	1.11	2.46	3.28	4.13	4.70
V	1.27	2.76	3.83	4.79	5.26
Zusammen	1.18	2.63	3.64	4.46	4.94

Man charakterisirt die in Betracht kommenden Gruppen und
erklärt dadurch die Tabelle folgenderweise: „Die dritte Gruppe,
(die Angestellten etc.) ist die der vorsichtigen, welche ringen müssen
um ihre Position zu behaupten; die fünfte (die Arbeiterklasse) ist
die Gruppe der Leichtfertigen, die es darauf ankommen lassen weil
sie wenig zu verlieren haben; die erste Gruppe (die liberalen Berufsarten etc.) ist die Gruppe des Durchschnitts, wo die Vorsicht
abgeschwächt wird durch die aus der gesicherten Lage entspringende
Fähigkeit, es darauf ankommen zu lassen." [2])

Die Ergebnisse der Kinderzählung innerhalb der ersten Gruppe
in einer schon gegebenen Tabelle über Berlin, sind vielleicht ähnlicherweise zu erklären.

Die Kinderzahl innerhalb der reichsten Gruppe (in Tabelle p. 56)
in Berlin.

Stadtteil.	Prozentsatz d. Ehen mit einer Dauer von 0—14 Jahren.	Kinderzahl pro Ehe.
Tiergarten Vst.	66.62	2.859
Dorotheenstadt	55.81	2.766
Friedrichstadt	59.68	2.786

Quelle: Wie für Tabelle p. 56.

---

[1]) Für Einteilung der Klassen s. § 20 b.
[2]) Statistik der Ehen 93.

In der Tabelle sind die Stadtteile nach der durchschnittlichen Höhe der Miete geordnet (309,5; 286.2; 241,8 Mark pro Kopf). Die Reihenfolge ist dieselbe, wenn man sie nach der Zahl der heizbaren Zimmer anordnet. Der reichste Stadtteil hat die gröfste Kinderzahl in der Gruppe, und dieses Resultat ist desto mehr hervorzuheben, weil, wie die Tabelle zeigt, die Dauer der Ehen in der Tiergarten Vorstadt, wahrscheinlich weil sie ein verhältnifsmäfsig neues Viertel ist, eine erheblich kürzere ist, als in den anderen zwei Stadtteilen.

Eine Verteilung der Provinzen Preufsens in 4 Gruppen nach den Steuerpflichtigen der Klassen- und Einkommensteuer zeigt [1]) eine kleinere Geburtenzahl in den mittleren, eine höhere in der reichsten, und die höchste in der ärmsten Gruppe. Man erklärt diese Zahlen folgenderweise: „In den ärmeren Distrikten herrscht weniger die Vorsicht, in den reicheren im Gegenteil zeigen die höheren Steuern und Löhne nicht nur eine bessere wirtschaftliche Lage, sondern auch zugänglichere produktive Arbeit; man findet da die hauptsächlichsten Fabrikdistrikte Preufsens." [2]) Gerade wegen der letztgenannten Thatsache ist wenig Gewicht auf das Resultat als Beweis für eine gröfsere Kinderzahl bei den Reichen zu legen, obgleich es mit den anderen gegebenen Thatschen übereinstimmt.

In den schon gegebenen Tabellen von Paris merkt man nicht die genannte Erscheinung; in Frankreich aber, wenn man, nach Ausschlufs der hauptsächlichsten Fabrikdistrikte, die übrigen 64 Departements in 8 Gruppen nach Personalsteuern, Fenster- und Thürensteuer pro Kopf ordnet, bekommt man wieder das Bild einer regelmäfsig fallenden Geburtenzahl bei aufsteigendem Vermögen, bis an die letzte Gruppe, wo die Geburtenzahl wieder ein wenig steigt.[3])

b) Eine Berechnung der Kinderzahl der adeligen Familien ist durch den Almanach de Gotha ermöglicht. Zwei Resultate (das eine von M. Vacher in dem Almanach 1876, das andere von M. Levasseur in La Pop. Fr. III. 182 auf Grund der Angaben des Almanachs von 1890 — etwa — gewonnen) stimmen nicht ganz mit einander überein, aber nur für Rufsland ist der Unterschied erheblich.

---

[1]) Tallqvist 86. Tabelle 68.
[2]) Tallqvist 86.
[3]) Tallqvist 89.

Vergleich zwischen den adeligen Familien verschiedener
Länder in Bezug auf die Kinderzahl.

Land.	Kinderzahl nach L. 1890.	Nach Vacher 1876.
Frankreich .	2.6	2.7
Belgien . . .	2.7	
Russland . .	2.92	5.1
Italien . . .	3.51	3.
Österreich . .	3.71	
Deutsches R. .	3.75	4.
England . .	4.00	4.9

Quelle: Levasseur La Pop. Fr. III 182. Berechnet
nach „l'Almanach de Gotha".

Zum Vergleich damit haben wir die Kinderzahl pro Mutter in
Massachusetts in 1885, aber da werden die sämtlichen Kinder gezählt, gleichviel, ob sie in einer oder mehreren Ehen geboren sind,
was eine gröfsere Zahl ergibt, als wenn die Kinderzahl pro Ehe berechnet wäre. Wenn man jedoch die Kinderzahl der eingeborenen
Mütter betrachtet (2.69), sieht man, dafs nur der französische Adel
so wenige Kinder hat; wenn man die Kinderzahl sämtlicher Mütter
in Mass. vergleicht, haben nur der französische, belgische und rus-
sische Adel eine kleinere Zahl (nach den Zahlen von M. Levasseur).
Vergleicht man weiter die durchschnittliche Kinderzahl aller Ehen
in Berlin (1885 = 3,112) oder die höchste Kinderzahl pro Ehe
in den 22 Stadtteilen Berlins, diejenige des Weddings, des ärmsten
Stadtteils (3.662), oder die Kinderzahl sämtlicher Ehen in Kopenhagen (1880 = 3.07), so sieht man, dafs die eheliche Fruchtbarkeit des Adels im allgemeinen verhältnismäfsig grofs, gröfser als
die von den meisten anderen Klassen, und nur derjenigen der ärmsten Klassen gleichzusetzen ist. Die für die Unterschiede zwischen
den Gruppen Kopenhagens gegebene Erklärung gilt auch hier. Obgleich die Zahl für den französischen Adel die niedrigste ist, doch
wird sie (nach unserer oben gegebenen Berechnung, freilich nicht
nach der genauesten Methode gemacht) nur von 5 der 20 Pariser
Arrondissements erreicht (1887) mit Zahlen 2.67 bis 2.88.

Vieles hängt hierbei von den Sitten und Umständen ab. In
England, wo für die Söhne der höheren Klassen so viele Karrieren
im Auslande offen stehen, ist ein mächtiges Motiv der Einschränkung
der Kinderzahl nicht wirksam. Eine Statistik in England fehlt uns
über diesen Gegenstand, aber die Kinderzahl des Adels ist nach

der Tabelle grofs. und man macht auf die grofsen Familien der
Richter und des Clerus aufmerksam.[1]) Die beobachtete Erscheinung
in Kopenhagen und Berlin deutet wahrscheinlich auf das Tempera-
ment und die Sitten hin, wonach ein Mann, nachdem er einen gewissen Reichtum erworben hat, die Leitung seines Geschäfts aufgibt und sich des mühsam Erworbenen in behaglichem Genusse
freut. Es ist zweifelhaft, ob in den Vereinigten Staaten dasselbe der
Fall ist.

§ 30. Das Ergebnis dieser Paragraphen ist ein zweifaches:
1. die Unhaltbarkeit einer rein physiologischen Erklärung[2]) der
verschiedenen Fruchtbarkeitsgrade in den verschiedenen Gesell-
schaftskreisen; 2. die Wirkung von starken psychologischen Faktoren in der Verkleinerung der Kinderzahl, welche in den ärmsten
Klassen wegen Mangel an Vorsicht, den nötigen moralischen Eigenschaften und genügenden Motiven: in den reichsten Klassen oft,
weil eine gröfsere Kinderzahl nicht schädliche, zuweilen sogar günstige Folgen hat, weniger wirksam als in den mittleren Kreisen sind.

§ 31.a) In fast allen Kulturländern ist seit den 60 er Jahren
eine Verminderung der relativen Geburtenzahl bemerkbar.[3]) In der
Tabelle, wo die Geburtenzahl zwischen 1876 und 1890 gegeben wird,
tritt dies klar zu Tage.

Geburten pro Mille der Bevölkerung in 15 europäischen Ländern
während den letzten drei fünfjährigen Perioden.

Periode	Engl. u. Wales	Schott- land	Irland	Nor- wegen	Schweden	Öster- reich	Schweiz	Deutsch Reich
1876—80	35.36	34.74	25.52	31.48	30.32	38.90	31.24	39.26
1881—85	33.97	33.24	23.96	30.82	29.36	38.16	28.64	37.—
1886—90	32.40	31.42	22.82	30.50	28.80	37.74	27.50	36.52

Periode	Preufsen	Nieder- lande	Belgien	Frank- reich	Däne- mark	Ungarn	Italien
1876—80	39.22	36.36	31.92	25.28	31.98	44.06	36.82
1881—85	37.42	34.78	30.70	24.70	32.50	44.34	37.92
1886—90	37.28	33.62	29.28	23.06	31.64	43.48	37.58

(Quelle: Births, Deaths and Marriages in England 1891.

In 14 von den 15 Fällen (einzige Ausnahme Italien) war die
Zahl in der letzten Periode kleiner als in der ersten, obgleich in 2

---

[1]) Mill (J. S.), Jogubee, Bagehut.
[2]) Z. B. von Carey, Spencer. Reich, Doubleday u. a.
[3]) S. Leroy-Beaulieu im Journal of Royal Stat. Soc. June 1891.

(Dänemark und Ungarn) die zweite Periode eine höhere Zahl als die erste Periode zeigt. In 26 also von den 30 möglichen Fällen fand eine Verminderung statt. Frankreich ist bekanntlich das Beispiel einer stetigen Verminderung der Geburtenzahl, aber in der Tabelle steht Frankreich in dieser Beziehung nur mittelmäfsig. Sieben andere Länder zeigen zwischen der ersten und der letzten Periode eine gröfsere Verminderung als Frankreich.

b) Die folgende Tabelle der durchschnittlichen Gröfse einer Familie zur Zeit jeder Volkszählung seit 1850 zeigt dieselbe Tendenz in den Vereinigten Staaten, trotz der Entgegenwirkung der grofsen Familien der vielen Einwanderer in dieser Periode.

Verminderung der Gröfse der Familien in den Vereinigten Staaten in den letzten 40 Jahren.

Jahr der Zählung	1850	1860	1870	1880	1890
Zahl pro Familie	5.55	5.28	5.09	5.04	4.93
Prozent der Verminderung		4.8	3.6	0.98	2.18

Quelle: Bulletin of the 11 Census of the U. S. 1890 „Size of Families".

c) Ich habe ein Mittel gefunden, das in einer eigentümlichen Weise die Verminderung der Kinderzahl der Mütter in Massachusetts zu zeigen geeignet ist. Auf Grund der Angaben [1]) des Census des Staats (1885) habe ich die Kinderzahl der Mütter, die über 50 Jahre alt sind, berechnet, und zwar besonders für eingeborene und besonders für eingewanderte Mütter. Die durchschnittliche Kinderzahl jener ist 4.26, dieser 6.40; aber während der Unterschied zwischen der Zahl für die älteste Klasse der eingewanderten Mütter (im Alter von 80 Jahren und darüber) und der Zahl für die Klasse im Alter von 50—59 Jahren kein erheblicher ist, so ist dagegen für die eingeborenen Mütter der betreffenden Altersklassen die Zahl 5.29 resp. 3.83 Kinder pro Mutter. Das bedeutet, dafs die Mütter, deren Gebärfähigkeit erst während der Jahre 1876—85 aufgehört hatte, 37,6 Prozent weniger Kinder hatten (3,83 : 4,29 : : 72,4 : 100) als diejenigen, die schon in der 50 er Jahren des Jahrhunderts gebärunfähig wurden. Eine ähnliche Tendenz zeigt sich bei den eingewanderten Müttern, aber viel geringer; der Unterschied, besonders zwischen den zwei jüngeren Altersklassen ist kaum bemerkbar. Folgende Tabelle teilt die Zahl der Mütter in jeder Altersklasse noch

[1]) Census of Massachusetts 1885, Vol. II, p. 1175.

in drei Klassen nach der Kinderzahl. Es tritt deutlich hervor, wie unter den amerikanischen Müttern der Prozentsatz derjenigen, die eine kleine Zahl von Kindern haben, zugenommen hat. Dementsprechend hat der Prozentsatz der Mütter die 5—9 Kinder, und in viel höherem Grade derjenigen, die 10 Kinder und darüber geboren haben, abgenommen.

Prozent der Mütter des betreffenden Alters, die die angegebenen Zahlen
von Kindern hatten in Massachusetts 1885.

	Eingeborene Mütter				Im Auslande geborene Mütter			
	hatten Kinder				hatten Kinder			
Im Alter von	1—4	5—9	10 u. darüber		1—4	5—9	10 u. darüber	
50—59	68.27	28.51	3.22	100.00	32.22	50.21	17.57	100.00
60—79	57.88	36.62	5.50	100.00	31.59	50.50	17.91	100.00
80 u. darüber	45.64	44.34	10.02	100.00	25.83	54.35	19.82	100.00

Quelle: „Census of Massachusetts 1885" Vol. II. Bearbeitet nach auf Seite 1175 angegebenen Zahlen.

d) Wie die Einflüsse einer veränderten Umgebung auf die Kinderzahl einer Rasse wirken, zeigt eine im Jahre 1890 gemachte Untersuchung über die Juden in den Vereinigten Staaten.[1] Sie erstreckte sich nicht über die ganze jüdische Bevölkerung der Union, sondern nur auf eine Anzahl von Familien (etwa 10 Tausend), und deshalb sind die Ergebnisse nicht ohne weiteres mit der Statistik eines ganzen Landes zu vergleichen, doch sicher ist der Unterschied, der zwischen der Kinderzahl der eingeborenen und eingewanderten Mütter sich konstatieren läfst.

Kinderzahl der jüdischen Mütter überhaupt 4.66
„   „   eingeborenen „   „   3.56
„   „   eingewandert. „   „   5.32

e) Es ist nicht zu vergessen, dafs die ganze jüdische Einwanderung verhältnismäfsig neuen Datums ist, sodafs die eingeborenen Mütter in der Mehrheit der Fälle selbst die Kinder von Einwanderern sind. Der bemerkte Unterschied ist also die Wirkung eines Menschenalters. Es ist wahrscheinlich, dafs fast derselbe Unterschied sich in den meisten Fällen zeigen würde zwischen der Kinderzahl der Einwanderer überhaupt und ihrer in den Vereinigten Staaten

[1] Bulletin of the 11 Census. Nr. 19.

geborenen Kinder und Enkel. Die Wirkung ist viel schneller und zeigt sich bei den Einwanderern selbst, wenn sie nicht in grofser Anzahl in den Städten zusammengehäuft sind. Indem von den Eingeborenen in Mass. nur 1.29 %, von den Eingewanderten 21.50 % Analphabeten sind, dient der Prozentsatz der Analphabeten ziemlich genau als Mafsstab der Zahl der Einwanderer in den verschiedenen Distrikten. Die folgende Tabelle zeigt, dafs die Kinderzahl der amerikanischen Mütter sehr wenig, aber fast regelmäfsig steigt von den gröfseren zu den kleineren der 30 gegebenen Ortschaften, und dafs die der Einwanderer regelmäfsig daselbst fällt, wo sie einen kleineren Prozentsatz der Bevölkerung ausmachen, und infolgedessen sie in besseren Verhältnissen und mehr in persönlichem Verkehr mit den Eingeborenen leben.

Vergleich gewisser Gruppen von Städten und Dörfern mit verschiedenem Prozentsatz der Analphabeten, in Bezug auf die Kinderzahl der eingeborenen (= A) und eingewanderten (= B) Ehefrauen in Massachusetts, 1885.

6 Städte und Dörfer mit	A.	B.	Prozent aller Ehefrauen i. d. Gruppen.
20.41—22.95"ₒ	2.80	5.15	44.02
15.05—18.55	2.70	5.12	28.58
10.08—10.58	2.87	5.12	11.95
5.01—5.15	3.03	4.69	12.06
0.28—0.56	3.10	3.95	3.56
			100.00

Quelle: Census of Massachusetts 1885, II. 1149.

Die erste Gruppe enthält die 6 mit der gröfsten Quote von Analphabeten über 10 Jahren im Alter, die letzte diejenigen mit der kleinsten Quote, während die 2. 3. und 4. Gruppe enthalten die 6, die unmittelbar über den Zahlen 15, resp. 10 und 5 stehen.

f) Die gegebenen Thatsachen zeigen die rapide Wirkung der moralischen Faktoren. wenn durch Änderung von Ort und Umgebung Menschen in kurzer Zeit neuen erheblichen Einflüssen ausgesetzt sind, während bei grofsen Teilen einer Bevölkerung, die in langsam sich ändernden Umständen bleiben, mehrere Generationen hindurch eine so starke Wirkung sich nicht zeigen würde. Das ist es, was in Bezug auf viele Klassen in Europa, und einige in den Vereinigten Staaten, namentlich die Neger zu erwarten ist, wenn auch in den meisten Fällen eine regelmäfsige Besserung ihrer öko-

nomischen Lage und eine stetige geistige Entwickelung vor sich
geht.

§ 31. a) Bei Malthus ist „das einzige tugendhafte Mittel, die
Übel, die aus dem Bevölkerungsprinzip fliefsen, zu vermeiden" [1]),
die Erhöhung des Heiratsalters; doch scheint es nicht, dafs hauptsächlich auf diesem Wege in den Beispielen die gröfsten Unterschiede und Veränderungen in der Geburtenzahl zu Stande gekommen sind. Natürlich ist es das Heiratsalter der Frau, das den
wesentlichsten Einflufs auf die Kinderzahl hat, soweit allein durch
die spätere Eheschliefsung die physiologisch mögliche Fruchtbarkeit beschränkt wird. Vergleichen wir also das Heiratsalter der
Mädchen in Kopenhagen nach Gesellschaftsgruppen mit der Kinderzahl der 25 und mehrjährigen Ehen der betreffenden Klassen.

Vergleich des Heiratsalters der Mädchen in Kopenhagen
mit der Kinderzahl der 25 Jahre und darüber bestehenden
Ehen.

Gruppe	I.	II.	III.	IV.	V.
A	50	41	47	43	47
B	4.80	4.91	4.35	4.70	5.26
a	5	1	3½	2	3½
b	3	4	1	2	5
C	26.5	27.6	26.5	26.8	26.8

A = Prozent der getrauten Mädchen unter 25 Jahren.
B = Durchschnittliche Zahl der Kinder pro Ehe.
a = Reihenfolge von A (kleinste Zahl = 1).
b = Reihen folge von B (kleinste Zahl = 1).
C = Durchschnittliches Alter der getrauten Mädchen.

(St. der Ehen).

Betrachten wir das Prozent der unter 25 Jahren getrauten Mädchen, so ergibt sich, dafs es gerade dasselbe ist für die zwei Gruppen,
die die gröfste resp. die kleinste Kinderzahl haben, während das
durchschnittliche Heiratsalter etwas höher wo die Kinderzahl gröfser
ist. Der gröfste Unterschied im Prozent der frühzeitigen Ehen ist
zwischen der ersten und zweiten Gruppe, während die Kinderzahl
dieser zwei Gruppen fast dieselbe ist (die Kinderzahl ist ein wenig
kleiner in den Gruppen der meisten frühzeitigen Ehen). Zwei
Gruppen, die dasselbe und zwar das niedrigste Heiratsalter (26,5)
haben, sind die erste und dritte bezüglich der Kinderzahl. Zwei

---

[1]) M. 396.

andere auch mit gleichem Heiratsalter (26.8) und zwar kaum höher als das andere Paar, haben die nächstkleinste und die gröfste Kinderzahl. Kurz in jedem Falle scheint es unmöglich die Unterschiede in der Kinderzahl auf Unterschiede in dem Heiratsalter zurückzuführen.

b) Frankreich zeigt zwischen 1851 und 1881 eine Erniedrigung des Heiratsalters, sowohl der Männer (von 30,25 zu 29,9 Jahren) [1] wie der Frauen (von 26,3 zu 24,75), während in derselben Periode die Geburtenzahl sich vermindert hat. Einige vergleichende Tabellen [2] zeigen, dafs in grofsem Durchschnitt je niedriger das Heiratsalter der Frauen in den verschiedenen Gruppen, desto kleiner die Kinderzahl ist. Das hängt zusammen mit der schon bestätigten Thatsache, dafs in Frankreich im Durchschnitt die Wohlhabenheit und Sparsamkeit mehr mit einem niedrigen als mit einem höheren Heiratsalter Hand in Hand gehen.

c) Eine ähnliche Statistik für die V. S. haben wir nicht, aber einige Zahlen, die eine Vergleichung der Eingewanderten und Eingeborenen ermöglichen. Von den eingeborenen weiblichen Individuen über 20 Jahren sind 29,09 Prozent, von den Eingewanderten 25.67 Prozent ledig. Also ist in dieser Beziehung eine verhältnismäfsig kleine Differenz vorhanden. Die Kinderzahl der Mütter über 50 Jahren war, wie wir sahen, 4,26 (amerikanische Mütter) resp. 6,40 (eingewanderte Mütter). Die durchschnittliche Kinderzahl für die Mütter jeden Alters war 3,37 (amerikanische) und 5,52 (eingewanderte). Dazu kommt die Thatsache, dafs zur Zeit der Zählung, 1885, von den eingewanderten nur 13,27 Prozent, von den eingeborenen Ehefrauen 20,18 Prozent überhaupt keine Kinder gehabt hatten. [3] Folgende Tabelle giebt den Prozentsatz der Mütter mit einer gewissen Kinderzahl (in drei Klassen) und zwar für eingeborene und eingewanderte Mütter.

(Siehe Tabelle Seite 71.)

Der minimale Unterschied in dem Prozentsatz der verheirateten weiblichen Individuen über 20 Jahren in den zwei Klassen, weist auf ein nicht sehr verschiedenes Heiratsalter hin. Wenn die Aufschiebung der Eheschliefsung auch dazu beiträgt den beobachteten

---

[1] Statistique Annuelle 1881, p. XXVI.
[2] Tallqvist 56.
[3] Census of Massachusetts 1885, II, 1173.

Unterschied in der Kinderzahl hervorzubringen, so ist doch ein anderes Moment weitaus wichtiger.

Prozentuale Teilung der Mütter nach der Kinderzahl,
mit Unterscheidung der Eingeborenen und Eingewanderten in Massachusetts 1885.

Eingeborene Mütter resp. eingew. „	waren von sämtlichen eingeb. Müttern	von sämtlichen einge- wanderten Müttern
mit 1—4 Kinder	74.87	46.98
„ 5—9 „	22.53	41.75
„ 10 u. darüber	2.60	11.27
	100.00	100.00

Quelle: „Census of Massachusetts" 1885, II, 1188.

d) Es wird wohl niemand sein, der nicht zum gröfsten Teil diese Thatsachen der ehelichen Enthaltsamkeit zuschriebe. Die Aufschie- bung der Eheschliefsung ist und wird aller Wahrscheinlichkeit nach lange ein wichtiger Faktor bleiben in der Verkleinerung der physio- logisch möglichen Fruchtbarkeit und mit dem Fortschritte der Ge- sellschaft kann man erwarten, dafs die unteren Klassen sich in dieser Beziehung mehr der Gewohnheit der oberen Klassen nähern werden. In den meisten Fällen aber sind die Unterschiede viel gröfser in dem Heiratsalter der Junggesellen, als in dem der Mädchen, das einer fast allgemeinen Sitte folgt. Die Kinderzahl in den verschie- denen Klassen, wo sie eine so verschiedene ist, wird deshalb sehr wenig von der Verzögerung der Heirat differenziert. Sie könnte es nur sein, indem man etwa auf den Plan des Schweizers, mit dem Malthus sprach, einging: „Er dachte, es sollte den Männern durch Gesetzgebung verboten sein, sich vor dem Alter von 40 Jahren zu verheiraten, und dann sollte die Heirat nur mit alten Jungfern er- laubt sein, die ihnen 2 oder 3 Kinder anstatt 6 oder 8 gebären wür- den." Malthus verteidigte nie eine gesetzliche Verhinderung der Eheschliefsung, aber gegen das vorgeschlagene Alter von 40 Jahren bei den Eheschliefsenden hat er nichts gesagt und konnte er konse- quenterweise nichts sagen, denn mit einer günstigen Sterblichkeit wäre es nicht zu hoch um eine langsame Zunahme der Bevölkerung zu vermitteln, wenn nur durch Aufschiebung der Heirat die physio- logisch mögliche Fruchtbarkeit zu hemmen wäre. Nicht auf diesem Wege ist die Hemmung hauptsächlich geschehen und eine wei-

tere Hemmung ist nicht hauptsächlich auf diesem Wege zu erwarten.

§ 33. a) In dem Vorangehenden ist im allgemeinen die Rede
von einer Verminderung der Geburten- und Kinderzahl in der
neueren Zeit. doch zeigt dieses Jahrhundert in Europa eine für ein
so grofses Gebiet beispiellose Zunahme, indem die Bevölkerung sich
in einem Jahrhundert verdoppelt hat.[1] Wie reimt sich das zusammen? Kurz kann geantwortet werden, dafs die Verminderung
der Geburtenzahl nicht regelmäfsig vor sich geht, und dafs die Verbesserung der wirtschaftlichen Lage, wenn sie plötzlich bei grofsen
Teilen einer Bevölkerung eintritt, nicht notwendigerweise eine Verminderung der Geburtenzahl, vielmehr eine Zeitlang das Gegenteil
in sich schliefst.[2] Nicht eher, als die verbesserten äufseren Umstände eine Wirkung auf den inneren Menschen gehabt haben, kann
diese Verminderung erwartet werden.

b) Wichtiger vielleicht aber als dieses Moment in der Erklärung
der Zunahme, die auf eine Verbesserung der allgemeinen ökonomischen Lage folgt, ist ein anderes. Wir haben nämlich in dem
Vorangehenden die Sterblichkeit aufser Acht gelassen und eine Verminderung dieser wird natürlich direkt bewirkt durch dieselbe wirtschaftliche Verbesserung und die gleichzeitigen Fortschritte der Gesellschaft, nicht hauptsächlich durch Vermehrung der Nahrung, sondern durch allgemeine Sanitätsmafsregeln u. s. w.[3] Besonders in
den Städten ist eine erhebliche Verminderung der Sterblichkeitsziffer wahrzunehmen. Als Ergebnis einer Untersuchung über diesen
Gegenstand führt Dr. J. Wernicke an: „Im Durchschnitt kann man
von 1550—1750 in den beobachteten Städten das Verhältnis der
Gestorbenen zu den Geborenen auf 100:80—90 festsetzen. Im 19.
Jahrhundert zeigen die Städte die Tendenz sich der Sterblichkeitsziffer auf dem Lande zu nähern.[4] . . . Sie wetteifern in der Kon-
servierung ihrer Bewohner nicht ohne Aussicht auf Erfolg schon mit
dem Lande." [5] In 173 deutschen Städten war 1877—82 die Sterblichkeit pro Mille 26,0 und die Geburtenzahl 38,2, oder im Verhält-

---

[1] Wagner, Handbuch I. 1. 2, S. 572. 1890 hatte Europa 357.4 Millionen
Einwohner.

[2] S. § 49 a.

[3] Wagner, Handbuch I. 1. 2, S. 540.

[4] Wernicke, Dr. J., „Das Verhältnis zwischen Geborenen und Gestorbenen
in historischer Entwicklung" (S. 89), Sammlung nationalökonomischer und statistischer Abhandlungen, herausgegeben von Dr. Joh. Conrad, Jena 1889.

[5] Derselbe 91.

nis von 100 : 147.[1] „In diesem Umstand ist der Grund der starken Volkszunahme in Europa während dieses Jahrhunderts zu
suchen."[2] In der 15jährigen Periode 1876—90, wo, wie gezeigt
wurde, die Geburtenzahl in fast allen Kulturländern Europas ab-
nahm, fand gleichzeitig eine fast ebenso grofse Abnahme der Sterblichkeitsziffer statt. In 13 der 14 Länder[3] fand eine Verminderung
der Sterblichkeitsziffer statt. Die Volkszunahme ging deshalb nicht
in gleichem Schritt mit der abnehmenden Geburtenzahl langsamer
vor sich (abgesehen hier von den Wanderungen). In 5 der 14 Fälle
war im Gegenteil der Geburtenüberschufs gröfser in der letzten als
in der ersten Periode und zwar folgendermafsen pro Mille der Bevölkerung: Ungarn 3,74 — Italien 2,86 — Österreich 0,56 — Schweden 0,40 — Dänemark 0,32. In 9 der 14 Fälle aber war die Verminderung der Geburtenzahl gröfser als die der Sterblichkeit, sodafs
die natürliche Zunahmerate pro Mille der Bevölkerung kleiner in der
zweiten Periode war, und zwar folgendermafsen: die Niederländer
0,30 — Schottland 0,68 — Belgien 0,94 — England 1,06 — die
Schweiz 1,06 — das Deutsche Reich 1,08 — Frankreich 1,68 —
Irland 2,04.

c) Ein ebenso grofser Unterschied wie in der Kinderzahl besteht
zwischen verschiedenen Klassen der Gesellschaft in Bezug auf die
Sterblichkeit, besonders die der Kinder. In Kopenhagen haben,
wenn die Kindersterblichkeit der ersten Gruppe als 100 gesetzt wird,
die anderen Gruppen im Verhältnis die folgende Kindersterblich-
keitsziffer: II. 126 — III. 110 — IV. 122 — V. 129. Die Wirkung für
die Nettofruchtbarkeit wird in der folgenden Tabelle gezeigt.

Brutto- und Nettofruchtbarkeit der verschiedenen sozialen
Gruppen in Kopenhagen.   (St. der Ehen 122).
Die fünfte Gruppe als 100 gesetzt.

Gruppe	Sämtliche Getrauten. (Brutto.)	Am Leben geblieben (Nettofruchtbarkeit)
I.	97	109
II.	94	97
III.	84	90
IV.	90	94
V.	100	100

---

[1] Wernicke, Dr. J. 81.
[2] Derselbe 91.
[3] Preussen wird nicht besonders gerechnet, weil es in den Zahlen für das
Deutsche Reich eingeschlossen ist.

d) Eine kleine Sterblichkeitsziffer mufs das Ideal sein, gleichviel ob eine zunehmende oder eine stillstehende Bevölkerung als wünschenswert angesehen wird. Wie viel Spielraum für Fortschritte in dieser Richtung den europäischen Ländern bleibt, zeigen einige Zahlen von den Vereinigten Staaten. In Vermont zwischen 1867 bis 1876 schwankte die Geburtenzahl der gesamten Bevölkerung[1]) zwischen den Extremen 20,5 und 22,1 pro Mille, aber das war genügend, um einen nicht unbedeutenden Überschufs der Geburten über die Todesfälle zu erzielen. Im Jahre 1876 war die Geburtenzahl 21,8. die Sterblichkeitszahl 15,4, Überschufs 6,4.[2]) Der Überschufs im Deutschen Reich im Dezennium 1881—90 war im Durchschnitt jährlich 551 000.[3]) Er wurde ermöglicht durch einen Geburtenüberschufs pro Mille von 11,7 (Geborene 38,2, Gestorbene 26,5).[4]) Wenn Deutschland aber die günstige Sterblichkeitsziffer der Vereinigten Staaten (im Jahre 1880 15 pro Mille) hätte, so würde der Überschufs zweimal so grofs als gegenwärtig sein, oder die Geburtenzahl könnte zu 16 pro Mille sinken und doch würde ein jährlicher Überschufs von 50 000 vorhanden sein, grofs genug, die Bevölkerung Deutschlands in einem Jahrhundert zu verdoppeln. Die gegebene Sterblichkeitsziffer der V. S. gilt für das ganze Land, inklusiv also der Sterblichkeit der Neger und Einwanderer, die viel gröfser ist als die der eingeborenen Weifsen. Obgleich also die V. S. als ein neues Land wesentliche Vorteile Deutschland gegenüber haben, braucht man doch nicht die niedrige Sterblichkeitsziffer auch für Deutschland als eine utopische und unerreichbare anzusehen. Die Annäherung an dieses Ziel, wie auch in den V. S. die Erhaltung der günstigen Sterblichkeitsziffer mit steigender Volksdichtigkeit, hat als notwendige Vorbedingungen eine geistige, ökonomische und moralische Entwickelung von grofsen Teilen der Bevölkerung.

---

[1]) Für die Eingeborenen allein 15.3 bis 19.5; für die Eingewanderten allein 41.0 bis 59.1 „20 Registration Report Vermonts" p. 108.

[2]) Die Sterblichkeitsziffer für die anderen Jahre habe ich nicht zur Hand, auch nicht für die Eingeborenen allein.

[3]) Wagner, Handbuch I. 1. 2. S. 519.

[4]) Dasselbe 515.

III. Abschnitt.

Darstellung einer voluntaristischen Bevölkerungslehre.

§ 34. Ich werde jetzt in nicht blofs kritisirender, sondern in etwas positiverer Weise darzuthun versuchen, was die bestimmenden Faktoren für die Volksmenge in einem Lande sind, und eine Bevölkerungslehre aufstellen, die zugleich den vielen in der Malthusschen Lehre begangenen Fehlern entgehen soll und welche alle die so sehr verschiedenen Thatsachen genügend berücksichtigt. Was der eigentliche Hauptgedanke dieser Auffassung sein sollte, geht schon aus der Natur der Einwendungen gegen andere Ansichten hervor. Ebenso klar mufs es aus dem Vorangehenden sich erweisen, dafs kein einziges Bevölkerungsprinzip genügend ist, die mannigfaltigen, in Betracht kommenden Erscheinungen zu erklären; ferner dafs, wenn man überhaupt das Wort Bevölkerungsprinzip beibehalten will, man es auffassen mufs einfach als eine Formulierung oder Zusammenfassung einer Reihe von Thatsachen, die bedeutsam für die Volksbewegung sind und die in einer Bevölkerungslehre berücksichtigt werden müssen. Kurz, in diesem Sinne gibt es nicht nur ein Bevölkerungsprinzip, wie Malthus glaubte, sondern ihrer viele.

§ 35. Als Hauptmomente zu betrachten sind 1.) die Fortpflanzungskraft des Menschen, wobei wieder zu unterscheiden sind, der Geschlechtstrieb und die physiologische Fähigkeit; 2.) die Produktivität der Natur; 3. die psychische Natur des Menschen.

a) Was die physiologische Fähigkeit betrifft, so ist sie so grofs, dafs, wenn die Geburtenzahl nur von ihr abhinge, diese Zahl eine viel gröfsere sein würde, als in irgend einem Kulturland, vielleicht gröfser, als in irgend einem bekannten Zustand der Menschen der Fall ist. Der Geschlechtstrieb ist ein so wesentliches und kräftiges Motiv des Menschen, dafs, wenn der Trieb ungehemmt wäre, er diese sehr grofse Geburtenzahl hervorrufen würde.

b) Die Natur ist die notwendige Vorbedingung der menschlichen Thätigkeit in der Erzeugung von Nahrungsmitteln wie auch in jeder anderen Produktion. Die alltägliche Erfahrung beweist, dafs mit einer gegebenen Methode der Benutzung des Bodens zum Erlangen von Nahrungsmitteln, gleichviel ob das Klima günstig oder ungünstig, ob der Boden fruchtbar oder unfruchtbar ist, ein Augenblick sehr bald eintritt, nach dem die Anwendung einer gröfseren Summe von menschlicher Arbeit, resp. eines gröfseren Kapitals auf dasselbe Stück Boden nicht einen entsprechend gröfseren Ertrag bewirkt.

§ 36. Nehmen wir die Fortpflanzungskraft in vollster Thätigkeit an, unter Zugrundelegung einer Sterblichkeitszahl, die nicht gröfser ist, als sie thatsächlich in einigen Ländern heutzutage ist (15 pro Mille, V. S. bis 26 Deutsches Reich,) so sind 33, 25, 20, ja noch weniger Jahre nötig, die Bevölkerung zu verdoppeln. In der Wirklichkeit hat die Verdoppelung der Volkszahl in einigen Fällen während der kürzesten Periode stattgefunden. Wenn aber eine Verdoppelung regelmäfsig 3, 4 oder 5 Mal in einem Jahrhundert stattfände, so würde am Ende von 200 Jahren die Volkszahl 64, 256, resp. 1054 mal so grofs als im Anfang sein. Die kleinste von diesen Raten würde 200 Jahre nach der Volkszählung von 1890, in den heutzutage verhältnismäfsig dünn bevölkerten Vereinigten Staaten eine Einwohnerzahl etwa drei mal so grofs als die jetzige Bevölkerung der ganzen Erde geben. Mit derselben Verdoppelungsperiode würde nach 200 Jahren das schon dicht bevölkerte Deutsche Reich etwa zweimal und mit einer Verdoppelungsperiode von 25 Jahren etwa 8 Mal die jetzige Zahl der Menschen auf der Erdfläche besitzen. Wenn man die Unfähigkeit des Bodens in Deutschland, mit der Anwendung von der gröfsten Arbeit nur die absolut nötige und einfachste Nahrung für eine solche Menschenmenge zu produzieren ins Auge fafst, sieht man, dafs, wenn eine beträchtliche Periode resp. eine beträchtliche Zahl von Menschen in Frage kommt, wir zwei unverträgliche Annahmen gemacht haben: eine ungehemmte Geburtenzahl und eine normale, unseren jetzigen Verhältnissen entsprechende Sterblichkeitsziffer. Wenn jene nicht kleiner wird, so

mufs diese gröfser werden, wenn nicht auf andere Weise, dann
eventuell durch Mangel an Nahrungsmitteln und die daraus direkt
folgende Wirkung des Hungertodes, oder die kaum indirektere Wirkung der Krankheit, bis endlich die Todesfälle der Geburtenzahl
gleichen und die Bevölkerungsvermehrung zum Stillstand kommt
genau an der Grenze der möglichen Nahrungsproduktion. Eine
Verbesserung der Produktionsprozesse, — wenn sie in einem solchen
Zustand der Menschheit überhaupt denkbar wäre — erlaubte eine
neue Vermehrung der Bevölkerung, die wieder an der Grenze der
Nahrungsmittel sich aufhalten würde. Auch wenn man dieselbe
Berechnung für die ganze Erde, anstatt für ein einziges Land macht,
ergibt sich in wenig mehr Jahren eine solche Einwohnerzahl, dafs
die Einbildungskraft umsonst versucht, die Möglichkeit der dazu
nötigen Nahrungsproduktion zu fassen.

§ 37. Ein solches Resultat ergibt sich aus den oben gemachten
Voraussetzungen mit logischer und mathematischer Notwendigkeit,
denn dafs der Mensch ohne Nahrungsmittel nicht leben kann, bedarf keiner besonderen Beweisführung. Dafür bürgt Malthus und
wir können ihm ruhig glauben. Den rein abstrakten Charakter aber
des Verfahrens mufs man sich klar machen, damit die Ergebnisse
nur so weit auf die Wirklichkeit übertragen werden, als die Thatsachen es erlauben. Wir haben die Menschen mit einem einzigen
gebieterischen Instinkt, dem Geschlechtstrieb und sonst mit nur
einem Bedürfnis, dem des hungernden Magens, ausgestattet, und die
Welt in Gang gesetzt. Diesen Annahmen entspricht ein Bild von
einer beständig zunehmenden Bevölkerung bis zu dem Punkte, wo
infolge des abnehmenden Ertrages die ganze Arbeit der Menschen
endlich nicht genügt, das Leben zu fristen. Nun hat sich die Bevölkerung über die Nahrungsmittel hinaus vermehrt und ein Gleichgewicht der Menschen und der Nahrungsmittel wird durch den Tod
hergestellt. Der Einfachheit der anderen Umstände entspricht die
Einfachheit der Auffassung der Volksbewegung gegen die Grenze
der Nahrungsmittel. Die Bevölkerung besteht aus gleichartigen
Einheiten, die gleich die steigende Schwierigkeit der Nahrungsproduktion empfinden, und gleich den stets verhältnismäfsig abnehmenden Ertrag teilen, bis die anrückende Masse den Rand des Ab-
grundes erreicht und die nächsten oder die schwächsten hinein-
fallen.

§ 38. a) Wenn man jetzt von anderen Seiten die Eigenschaften
des Menschen betrachtet und ihre Wirkung auf die Bevölkerungs-

bewegung in Erwägung zieht, ist die eintretende Änderung eine so wesentliche, dafs der fortdauernde Gebrauch der früheren Auffassung geradezu uusinnig wird. Unter der psychischen Natur des Menschen mufs man nicht allein einige höhere Fähigkeiten und Prozesse verstehen, die als der ausschliefsliche Besitz des Menschen dem Tiere gegenüber gelten. Darunter sind die Ideale, deren der Mensch sich fähig zeigt, seine Denkkraft, sein Wille, und endlich die Gefühle und Triebe, alles was an der Bestimmung seiner Handlung teil nimmt, zu verstehen.

b) Auf niederen Stufen der Menschheit zeigt sich die Wirkung auf die Menschen, von gewissen Motiven, die gar nicht auf einen Mangel von Nahrungsmitteln oder Furcht davor zurückzuführen sind. Der Kindermord, infolge der Eitelkeit der Mütter,[1] die ihre Schönheit durch Stillung des Kindes nicht verlieren wollen, und Mord bei Zwillingsgeburten wegen des Aberglaubens[2] sind Beispiele solcher Handlungen; Kriege, die zwar zwischen wilden Stämmen ihre Veranlassung in einem Streit um ein Jagdgebiet oder in Hungersnot haben können, die aber auch aus unzähligen anderen Gründen entspringen, vermindern ungeheuer die Volkszahl, und der Hafs entvölkert ganze Gebiete, in denen es Nahrung in Hülle und Fülle giebt.[3] Wenn auch diese Entvölkerung durch Verheerungen und absichtliche Verwüstungen der Feinde geschieht, und die vertriebene Bevölkerung infolgedessen an Hungerstod stirbt, so hat dies doch keine Bedeutung für den Beweis der Lehre von dem Gleichgewicht der Bevölkerung und der Nahrungsmittel, sondern der Feind hat eben den Hungerstod als Waffe in solchen Fällen gebraucht, wo das Schwert den Flüchtling nicht erreichen konnte. Der naheliegende Gedanke, dafs, wenn die Volksvermehrung regelmäfsig vor sich gegangen wäre, die Hungersnot endlich dieser Vermehrung eine Grenze hätte setzen müssen, ist betrügerisch, wenn er zu dem Glauben führt, dafs der betreffende Fall ein Beispiel von einer durch Mangel an Nahrungsmitteln erzeugten Hemmung bietet, und dafs, weil einige Menschen im Kriegsfalle Hungers sterben, die Nahrungsmittel unter normalen Verhältnissen das Kriterium der Bevölkerung seien.

§ 39. Abgesehen von diesen für die Hemmung der Bevölke-

[1] Gerland, „Das Aussterben der Naturvölker".
[2] Gerland, „Das Aussterben etc."
[3] Interessante Beispiele in Francis Parkman's „The Jesuits in North America".

rungszahl wirkenden Momenten, die nicht auf Mangel an Nahrungsmitteln zurückzuführen sind, und besonders dem Kriege mit auswärtigen Feinden, der so gewaltig eingreift, dafs während seiner Dauer von der Wirkung eines Bevölkerungsgesetzes nicht die Rede sein kann, sind innerhalb der primitiven menschlichen Gesellschaften andere Momente zu berücksichtigen, die das gegebene einfache Bild zu zerstören beginnen. In dieser einfachen Auffassung ist stillschweigend vorausgesetzt, dafs jedermann unverhindert und gleichberechtigt die Produktionsmittel benützen könnte, und alle gleich an den Produkten bis zu ihrer Erschöpfung teilnehmen dürften; i. a. W., man nimmt einen Zustand des vollständigen Kommunismus an. Wäre dies nicht der Fall und ständen einem Teil der Bevölkerung infolge entweder besonderer politischer Rechte oder der Rechte des Eigentums bessere Produktionsmittel und Vorräte von Nahrungsmitteln noch zur Verfügung, so wäre die Bevölkerung als Ganzes betrachtet nicht auf dem Niveau der Nahrungsmittel in dem früher gebrauchten Sinne. Was uns in jeder Form der menschlichen Gesellschaft entgegentritt, ist gerade diese Differenzierung der Klassen, und infolge dessen stehen die verschiedenen Teile der Bevölkerung in verschiedenen Entfernungen von der Grenze der Nahrungsmittel. Oftmals waren diese Unterschiede die Wirkung einer mehr oder weniger absoluten politischen Gewalt, die willkürlich über den Besitz der Unterthanen gebietet; in den Kulturländern heutzutage ermöglicht in einer anderen Weise die Institution des Privateigentums auch eine Differenzierung von Gruppen, die innerhalb gewisser Grenzen unabhängige Bewegungen der Menschenzahl haben. Von der Gerechtigkeit solcher Einrichtungen ist hier nicht die Rede. Ich spreche vielmehr nur von ihrem Einflufs auf die richtige Auffassung einer Bevölkerungslehre.

§ 40. Die Volksbewegung eines Landes ist (abgesehen von Ein- und Auswanderung) bestimmt von dem numerischen Unterschied zwischen Geburten und Sterbefällen, aber die unzählbaren Einflüsse, welche Leben und Tod veranlassen, wirken nicht gleichmäfsig auf eine homogene Bevölkerungsmasse, sondern verschieden auf heterogene Gruppen. Die Summe aller Ab- und Zunahmen der einzelnen Gruppen ist der numerische Ausdruck für die Volksbewegung im allgemeinen. Wie die Volksbewegungen der einzelnen Länder mit ihren weitaus verschiedenen Geburten- und Sterbeziffern, in ihrer Zusammensetzung die Bevölkerungsbewegung der Erde ausmachen, so besteht die Volksbewegung eines einzelnen Landes aus den sämtlichen Bewegungen von einzelnen Gruppen, die zwar nicht territorial, wohl aber in ihrer Vermehrung und deren Bedingungen sehr wesentlich verschieden sind. Praktisch wäre es unmöglich, die Grenzen dieser Gruppen so genau zu bestimmen, dafs es keine Grenzfälle gebe, denn auch innerhalb der grofsen Gruppen, die man zum Zweck der theoretischen Behandlung als gleichartig annimmt, bestehen viele Schattierungen.

§ 41. a) Diese Analyse zum Zweck einer Bevölkerungslehre mufs natürlich aufhören, bevor sie das einzelne Individuum erreicht, denn die Bevölkerung nach Individuen betrachtet, hat nur eine mögliche Bewegung, das Aussterben. Physiologisch ist eine Verbindung der Geschlechter zur Erzeugung von Kindern nötig, und (ein nicht minder wichtiges Moment) das Kind bedarf wegen seiner physischen Beschaffenheit langer Fürsorge, ehe es selbständig wird. Zu unserem Zweck also ist die eigentliche wichtige Elementargruppe die produzierende und konsumierende Einheit. Auch in Fällen unehelicher Geburten kann man das verlassene Weib und Kind als eine unvollkommene Familie auffassen, wo nämlich der Mann seinen natürlichen und gesellschaftlichen Pflichten nicht nachkommt.

b) Als konsumirende Einheit zeigt sich die Familie in vielen Beziehungen kommunistisch, indem das gesamte Einkommen, unter allen, auch den nichtproduzierenden Mitgliedern, geteilt wird. Die Kaufkraft dieses Einkommens, das Einkommen in Nahrungsmitteln und anderen zu der dürftigsten Existenz absolut notwendigen Mitteln ausgedrückt, bildet die äufserste Grenze für die mögliche Zahl der Menschen, die innerhalb der Gruppe existieren können. Es wäre aber unrichtig, zu sagen, die Kaufkraft bestimmt die Gröfse der Familienzahl, denn dies ist nur der Fall, wo die Grenze erreicht wird und der Hungertod einige Mitglieder dahinrafft. Der Kommunismus der Familie ist nicht vollkommen. Die Eltern haben zuerst die Verwaltung des Einkommens, und durch dessen unvernünftige Anwendung kann es geschehen, dafs einige Kinder sterben, zwar nicht vielleicht unmittelbar an Hungersnot, wohl aber an schlechter Nahrung und unvollkommener Fürsorge, während die Kaufkraft des Einkommens auf unnötige Artikel verwendet wird.

c) In einer anderen Weise entscheiden die Eltern über den dem einzelnen Mitglied zukommenden Teil des Einkommens; sie können einschränkend die Zahl der Geburten bestimmen. Dazu ist, wenn es nicht auf verwerflichen Wegen geschieht, Vorsicht und Selbstbeherrschung erforderlich. Es ist zu erwarten, dafs eine kleine

Kinderzahl mehr da auftreten wird, wo die allgemeine Lebensführung mehr durch die Unterordnung der gegenwärtigen Genüsse unter Rücksichten auf die Zukunft charakterisiert ist, wo andere wichtige Motive vorhanden und wirksam sind, den Geschlechtstrieb zurückzudrängen. Von dem Standpunkt eines wohlsituirten Individuums scheint es, dafs kein Motiv stärker für diesen Zweck wirken könnte, als die Furcht vor Hunger und Elend für sich und seine Kinder; aber nicht von dem Standpunkt des Unbethätigten aus ist die Kraft eines Motivs zu schätzen, sondern nach seiner Bedeutung für den Handelnden, und nicht sein absoluter, sondern sein relativer Wert ist es, der mafsgebend für die Handlung ist. Was uns als allgemeine Thatsache in der Statistik der Geburtenverhältnisse entgegentritt, ist die gröfsere Zahl der Kinder gerade da, wo sie das gröfste Elend für die Familiengruppe zur Folge hat. Die psychische Entwicklung und die Lebensverhältnisse sind solche, dafs die physischen Triebe notwendigerweise verhältnismäfsig eine gröfsere Rolle in einigen Klassen spielen, als sie es in anderen thun. Es fehlt an der Vorsicht und Selbstbeherrschung, die es ermöglichen, zukünftige mit gegenwärtigen Vorteilen zu vergleichen.

§ 42. Aber es fehlt auch an gewissen Motiven, welche bei den wohlhabenden Klassen vorhanden sind, die klarer ans Licht treten, wenn wir die Familiengruppe als produzierende Einheit betrachten. Jedes grofs erzogene Kind nämlich von den höheren Klassen veranlafst nicht nur eine beträchtliche Ausgabe, sondern es vermehrt auch das Familieneinkommen bis zu einem ziemlich hohen Alter um nichts. Dagegen sorgen die Kinder der Armen nach den ersten Jahren für sich und für einander und öfters vermehren sie schon in jungen Jahren das Familieneinkommen. Gerade dieses Moment mufs sehr wichtig sein zu einer Zeit, wo die Einführung von Maschinen und die gesteigerte Arbeitsteilung unter einer verarmten Arbeiterbevölkerung in höherem Mafse die Verwendung der Kinderarbeit ermöglicht. Es wirkt wie eine Prämie gerade auf diejenigen, die am wenigsten fähig sind den höheren Pflichten von Eltern nachzukommen, sodafs sie die Zahl ihrer Kinder eher zu vermehren als einzuschränken suchen. Dies war in einigen Ländern, namentlich in England am Ende des vorigen Jahrhunderts der Fall. Gegen dieses Übel hat eine vernünftige Gesetzgebung gearbeitet. In anderen Fällen kann eine unvernünftige Gesetzgebung dieses Motiv der Volksvermehrung hervorrufen, das ohne Gesetzgebung in den genannten Umständen sich zeigt; wenn z. B. (wie in England bis in die 30 er

Jahre) die Armengesetze unter den niederen Volksklassen eine systema-
tische Ehebegünstigung dadurch gewähren, dafs sie den einzelnen
von der schweren Verantwortlichkeit einer grofsen Familie ent-
lasten [1]), ja selbst es von Vorteil machen, die Kinderzahl zu vermehren. Auch wenn keine Übel für die Kinder oder die Gesellschaft sich ergeben, kann doch eben dieses Motiv wirksam auf die
Eltern sein. Man braucht nur an die Zunahme der Bevölkerung in
den neuenglischen Kolonieen während zweier Jahrhunderte zu denken.
Der strenge religiöse Sinn dieser Ansiedler, ihre sprichwörtlich ge-
wordene Sittlichkeit und Selbstbeherrschung werden kaum von den
Nachkommen erreicht, welche doch eine viel geringere Kinderzahl
aufweisen. Hätte es die Pflicht diesen Menschen auferlegt, die Kinderzahl zu verringern, würden sie unzweifelhaft es gethan haben.
Aber Kinder gehörten zu ihren Reichtümern [2]), und für die Kinder
bot sich als fast unerschöpfliche Erbschaft das ganze Festland dar.

§ 43. Wenn in dem eben Gesagten hauptsächlich das Selbst-
interesse der Eltern betont wird, demzufolge die Kinderzahl bald
gröfser bald kleiner ist, erwähnen wir jetzt die elterliche Liebe
als Motiv der Verringerung der Kinderzahl. Sie führt dazu,
dafs man nicht blofs an die gröfsere Teilung des Familienein-
kommens denkt, die ja in Folge einer gröfseren Kinderzahl nötig
ist, sondern auch an die weitere Zukunft des Kindes. Obgleich
man kaum von einem grofsen Unterschied zwischen der elterlichen
Liebe der Armen und Reichen sprechen möchte, so sind doch die
Unterschiede grofs unter den verschiedenen Klassen, erstens nach
dem Grade der Vorsicht der Eltern für die Zukunft des Kindes;
zweitens nach der Möglichkeit' durch Verringerung der Kinderzahl
unmittelbar das Interesse der Kinder zu fördern. Was nun letzteren
Umstand anlangt, so weifs der Vater, dessen Vermögen gröfstenteils
in Grundeigentum besteht, dafs seine Kinder seine gesellschaftliche
Stellung nicht behalten können, wenn das Vermögen sehr geteilt
wird. So ist in diesem Jahrhundert oft bemerkt worden, dafs der
Grundbesitz verringernd auf die Kinderzahl wirke. Ebensowohl ist
es wahrscheinlich, dafs die Übereinstimmung einer kleineren Geburtenzahl mit der Wohlhabenheit zum Teil durch dasselbe Motiv
zu erklären ist, wenn auch das Vermögen nicht in Grundeigentum

---

[1]) M. 416.
[2]) Adam Smith macht schon auf diesen Punkt aufmerksam.

besteht. Ein Kapital nämlich läfst sich messen und die Teile desselben sind genau durch die Gröfse der Familie bestimmt.

§ 44. Ganz anders ist es bei den armen Familien, in denen
die einzige Erbschaft die körperlichen und verhältnismäfsig wenig
ausgebildeten geistigen Kräfte sind. Diese können unter fünf bis
zehn ebensogut als unter zwei oder drei Kinder geteilt werden.
Wenn die Brüder einer solchen Familie ihre Arbeitskräfte auf dem
Markte verkaufen wollen, drückt einer durch seine Konkurrenz nicht
wesentlich den Lohn der anderen nieder. Sie sind Mitglieder einer
anderen und gröfseren produzierenden Gruppe als der Familiengruppe,
nämlich der Gruppe der Lohnarbeiter. Eine kleinere Vermehrung
in den sämtlichen Familiengruppen hätte den von der jüngeren Generation zu gründenden Familiengruppen ein gröfseres Einkommen
gesichert; eine kleine Vermehrung in einer oder nur einigen jedoch
kaum eine Wirkung gehabt, und soweit es geschieht, teilen die
Unvorsichtigen wie die Vorsichtigen den Vorteil der höheren
Löhne.

§ 45. Durch eine ähnliche psychologische Wirkung sind viele
Fälle grofser Familien in sehr gebildeten Kreisen zu erklären, namentlich die Familien von Richtern, Pfarrern, Professoren u. s. w., wo
der Vater sagt, er gebe seinen Kindern Gesundheit, einen guten
Charakter und eine gute Bildung als treffliche Erbschaft mit.
Man würde kaum sagen, dafs in solchen Fällen die grofsen Familien
zum Nachteil der Gesellschaft gereichen, aber dafs eine ähnliche
Vermehrung in allen Familiengruppen eine zu grofse Volksvermehrung zur Folge haben würde, liegt auf der Hand.

§ 46. a) Um auf eine andere Weise die verschiedenartigen
Wirkungen von Motiven auf die ärmeren und vermögenden Klassen
sich zu vergegenwärtigen, denke man an eine einfache Gesellschaft,
in welcher auf einem bestimmten Gebiete der Ackerbau fast allein
die Einwohner beschäftigt. Jährlich wird der Grund und Boden
neu unter die Männer, die über 21 Jahre alt sind, geteilt. Unter
tausenden von Teilnehmern ist der Einflufs einer einzigen grofsen
Familie unendlich klein und die Möglichkeit, die ein Hausvater hat,
seinen und seiner Söhne Anteil an diesem Lande durch Verringerung der Kinderzahl zu vergröfsern, ist so minimal, dafs sie kaum
ein Motiv bilden würde. Die gesamte Wirkung jedoch von vielen
grofsen Familien führt zu einer beständigen Verminderung der einzelnen Teile und nach dem Gesetze des abnehmenden Ertrags zu
einer beständigen Verminderung der Produktivität der Arbeit.

Diesem Beispiele entsprechen fast genau im wesentlichen die kommunistischen Zustände unter den Germanen, welche die Völkerwanderungen veranlaßten. Ihm entspricht auch in gewissen Zügen der Zustand unter den ärmeren Klassen der heutigen Gesellschaft.

b) Die schwierige Frage in der Verteilung der Produktion und besonders der Lohnbestimmung möchte ich nicht hier diskutieren, aber so viel darf ich annehmen, daß in einer Gesellschaft, wo die Klasse der ganz unvermögenden Handarbeiter der gesamten vermögenden Klasse gegenüberstünde, der durchschnittliche Lohn der ersteren kleiner sein würde, je größer ihre Zahl ist. Für die Arbeiter ist die Produktivität ihrer Arbeit das, was sie dafür in Gütern bekommen, und die kleineren Löhne ebenso, wie die kleineren Felder bei den Germanen sind Zeichen einer verminderten Produktivität. Alle Familiengruppen leiden gemeinsam darunter, obgleich die Verminderung der Produktivität die Folge der Zunahme der ganzen Klasse ist, und diese Zunahme von verschiedenen Familiengruppen in ungleichem Maße veranlaßt wurde.

§ 47. Wie die mögliche Konsumtion eines Landes nicht allein durch die innerhalb der Grenzen liegenden Hülfsmittel, sondern auch durch den Austausch mit dem Auslande bedingt ist, so ist die mögliche Konsumtion einer Gruppe von der Kaufkraft ihres Einkommens abhängig. Die gesamte Produktion eines Landes resp. einer Gruppe in einfachsten Nahrungs- und anderen absolut nötigen Mitteln ausgedrückt, kann man als die unüberschreitbare Grenze der Volksvermehrung bezeichnen. Aber gewöhnlich so wenig in der Gruppe als in dem Lande wird diese Grenze erreicht. Wenn das jedoch in einer Familiengruppe geschieht, müßte die Hungersnot sie in ihre Grenzen zurückdrängen, wenn nicht die Wohlthätigkeit in den Kulturländern diesen Zustand verhinderte.

§ 48. Man muß vielmehr in den unendlich variierten Motiven der einzelnen Menschen den größten Teil der Erklärung von jeder Bewegung der Bevölkerung finden. Die materiellen Bedingungen des Lebens und des Todes und die dauernde Rolle, die sie in der Volksbewegung spielen, zu ignorieren wäre eine unverzeihliche Einseitigkeit, aber man braucht sie nicht zu betonen; sie sind schon ausschließlich betont worden. Mehr und mehr treten mit der steigenden Herrschaft des Menschen über die Natur und seine eigenen Leidenschaften die psychologischen als die wirklich entscheidenden Momente der Volksbewegung in den Vordergrund. Bei einer Steigerung der gesamten Produktion eines Landes resp. des Einkommens einer Klasse oder Familiengruppe ist bezüg-

lich der Volksbewegung die wichtige Frage nicht: wie sehr ist dadurch die Möglichkeit der Produktion der Nahrungsmittel vermehrt?
sondern: wie wird diese neue Möglichkeit angewendet werden, auf
Nahrungsmittel oder auf andere Güter? Von dem Augenblick an,
wo der Mensch dauernd über der Gefahr der Hungersnot steht,
wirken die materiellen Faktoren nicht mehr hauptsächlich und unmittelbar, sondern nur mittelbar durch die Motive der Handlung
auf die Volksbewegung.

§ 49. a) Es scheint aus dem Gesagten zu folgen, dafs von einer
Verbesserung der wirtschaftlichen Lage einer Gesellschaftsklasse auf
einen bestimmten Einflufs auf die Volksbewegung schlechterdings
nicht zu schliefsen ist. Wenn man von dem Vorhersagen mathematische Genauigkeit verlangte, so würde diese Folgerung richtig sein.
Es ist jedoch möglich, bescheidenerweise den Satz aufzustellen: eine
neue schnell eingetretene Vermehrung des Einkommens eines grofsen
Teils einer Bevölkerung bewirkt eine Volksvermehrung. Dies ist
zuerst ein erfahrungsmäfsiges Ergebnis, z. B. wenn nach grofsen
Notzeiten und Epidemieen die Arbeit im allgemeinen besonders gut
bezahlt wird, kann man regelmäfsig eine gröfsere Zahl der Eheschliefsungen und der Geburten in Verbindung mit einer kleineren
Sterblichkeit konstatieren. Ähnlich verhält es sich bei der grofsen
Kinderzahl der Einwanderer in einem neuen reichen Lande, bei der
gröfseren Zunahme nach einem Aufschwung der Industrie und einer
Erhöhung der Löhne wie es in diesem Jahrhundert in allen europäischen Ländern und namentlich in Deutschland nach dem Jahre
1871 der Fall war. Zweifellos kann in vielen Fällen die Vermehrung ein Niedersinken der Löhne gegen das frühere Niveau bewirken. Diese und andere ähnliche viel misbrauchte Beispiele harmonieren jedoch vollkommen mit unserer Auffassung. Der Standard of life ist in dem Volksleben ein reelles, obgleich nicht ma-
terielles Ding. In dem einzelnen Individuum erfährt er oft eine
schnelle Veränderung, aber hier wie anderswo gilt das Gesetz der
grofsen Zahlen. Wenn grofse Klassen oder ein ganzes Land in
Betracht kommt, so ist der Standard of life viel unbeweglicher,
weniger schwankend, langsamer mit den Konjunkturen steigend oder
sinkend als die ökonomischen Verhältnisse es sind. Eine Erhöhung
der Löhne ohne eine gleichzeitige und gleichgrofse Erhöhung der
Lebensansprüche und Ideale hat naturgemäfs eine Vermehrung der
betreffenden Klassen zur Folge.

b) Aus der Richtigkeit des Gesagten folgt es, dafs jeder Ge-

danke an ein naturnotwendiges Bevölkerungsgesetz und eine danach
sich richtende Tendenz der Bevölkerung resp. einer Klasse der Bevölkerung, sich bis auf eine gewisse Grenze (das Existenzminimum)
zu vermehren, irrig sein mufs. Hieraus folgt die Unrichtigkeit des
ehernen Lohngesetzes. Dafs freilich in gewissen Fällen in einer aus-
gedehnten Klasse sowohl als in einer einzigen Familiengruppe diese
Grenze erreicht werden kann, das beweisen die Thatsachen.

§ 50. Unser Hauptinteresse mufs, besonders wegen der Arbeitsteilung und der heutigen politischen und sozialen Ordnung, nicht in
der Betrachtung der Bevölkerung als Einheit, sondern in der Betrachtung der kleinen Gruppen liegen. In einer kommunistischen
Agrargesellschaft (nach dem Vorbild der Germanen) tritt Übervölkerung in dem Augenblick ein, wo wegen der Teilung des Grund
und Bodens jeder Arbeiter einen beträchtlich kleineren Ertrag bekommt als vorher. Jede Familie der Gesellschaft empfindet in
gleicher Weise die schädlichen Wirkungen. Aber heutzutage besteht
nicht dieselbe Solidarität der rein wirtschaftlichen Interessen. Die
heutige Übervölkerung ist nur in gewissen Klassen und Familiengruppen,
ist eine Übervölkerung gewisser produzierenden und konsumierenden
Einheiten, und sie besteht in der Unzulänglichkeit des Einkommens
für die Bedürfnisse. Diejenigen, die eine neue Gesellschaftsordnung
vertreten, haben Recht in der Behauptung, dafs die sogenannte Übervölkerung in einem zu kleinen Einkommen eines Teils der Bevölkerung, nicht in Mangel an Nahrungsmitteln oder anderen Produkten
besteht. Einer solchen Übervölkerung wäre unzweifelhaft in dem
betreffenden Zeitpunkt durch den Umsturz der bestehenden Ordnung
abzuhelfen. Dieser Vorschlag der Gegner der bestehenden Verhältnisse ist aber erst auf seine Wirkung für längere Zeit, als nur für
den Augenblick, zu prüfen und darauf gehen wir hier nicht weiter
ein. Der Begriff von Übervölkerung ist also jetzt viel unbestimmter
als unter kommunistischen Verhältnissen. Zu der Behauptung des
Vorhandenseins einer Übervölkerung führt die Betrachtung der Armut in gewissen Gruppen, welche mehr oder weniger sicher auf eine
zu grofse Vermehrung zurückzuführen ist. Indem aber die verschiedenen Klassen nicht durch feste Grenzen getrennt, die mittleren
Klassen von der Konkurrenz der niederen durch eine Standeserhöhung
der letzteren nicht ganz verschont sind, so verteilt sich die Wirkung
der aus der gröfseren Volksdichtigkeit verkleinerten Produktivität
unter grofse Teile der Bevölkerung. In Deutschland z. B. ist nicht
nur der gemeine Handarbeiter, sondern auch der geistige Arbeiter

im Durchschnitt weniger gut bezahlt als in den Vereinigten Staaten.

§ 51. Denken wir uns die Bevölkerung in einem bestimmten Zeitpunkte, so besteht sie aus Individuen, die zu verschiedenen Gruppen gehören. Einige von den produzierenden Individuen haben keine Familienverhältnisse, die eine Teilung des Einkommens notwendig machen, die meisten aber gehören einer konsumierenden Gruppe von mehreren Mitgliedern an. Jedes Individuum aber ist ein Mitglied einer, vielleicht auch verschiedener produzierenden Gruppen. Jemand kann ja zu gleicher Zeit Grundbesitzer, der Besitzer eines kleinen Kapitals, Unternehmer und Arbeiter sein. Die Verhältnisse liegen hier bei den einzelnen Fällen vielfach verwickelt. Aus verschiedenartigen Quellen setzt sich das Einkommen zusammen, und zu jeder beliebigen Zeit besteht die Möglichkeit für die meisten selbständigen Individuen und für die Familiengruppen mit ihrem Einkommen eine größere Zahl von Menschen in einfacherer Weise zu ernähren, als in dem betreffenden Zeitpunkt. Das Vorhandensein dieser Möglichkeit bewegt verschiedene Individuen in der verschiedensten Weise zu Handlungen, die einen Einfluß auf die Volksbewegung haben.

Nun betrachten wir nach Verlauf einer gewissen Periode wiederum die Bevölkerung. Viele Individuen mit einem kleinen Einkommen haben geheiratet, viele andere mit einem größeren Einkommen haben es nicht gethan, weil sie noch nicht imstande waren eine Familie ihren Ansprüchen entsprechend zu unterhalten. In den verschiedenen Familiengruppen ist die Vermehrung auf die verschiedensten Weisen vor sich gegangen. In einigen waren vielleicht die notdürftigsten Nahrungsmittel der Maßstab dieser Vermehrung, in anderen spielen sie absolut keine Rolle. In einigen war die Geburtenzahl groß und die der Sterbefälle gleichfalls wegen der ungesunden oder leichtsinnigen Lebensweise: in anderen war die Geburtenzahl sehr beschränkt und die Sterblichkeit gleichfalls klein. Die Volksvermehrung während der Periode ist die Resultante dieser verschiedenen Faktoren. Wenn diese Volksvermehrung in einem geschlossenen schon ziemlich dicht bevölkerten Staat geschieht, so wird das wirkliche Einkommen großer Teile der Bevölkerung dadurch reduziert. wenn nicht Verbesserungen in der Landwirtschaft es ermöglichen so viel als vorher mit derselben Arbeit zu produzieren, oder wenn nicht Erfindungen in anderen Industrieen die höheren Kosten der Nahrungsmittel ausgleichen. Die Wirkung der vielen Momente der

Volksvermehrung ist eine Umwandelung der am Anfang der Periode
bestehenden Verhältnisse. Die Löhne, der Zinsfufs, die Renten,
der gewöhnliche Profit, haben sich in den verschiedenen Klassen und
verschiedenen Teilen des Landes geändert. Die Familiengruppen
sind nur zum Teil dieselben wie vorher und die Einkünfte haben
sich geändert. Nehmen wir an. dafs sie durchschnittlich etwas ge-
stiegen sind. und dafs es möglich ist für „die Massen des Volks"
jetzt über mehr Nahrungsmittel zu gebieten. so kann man doch
nicht daraus den Schlufs ziehen, dafs von jetzt an die Geburtenzahl
steigen. oder die Vermehrung schneller vorsichgehen wird. Man
mufs jedenfalls die gleichzeitigen Änderungen in dem psychischen
Leben der Menschen in jener betreffenden Periode kennen. Neue
Löhne und Einkommenverhältnisse, ein anderer Stand der landwirtschaftlichen und industriellen Technik stehen jetzt zum Teil neuen,
zum Teil geänderten Individuen gegenüber, und die Volksvermehrung der folgenden Periode wird durch die Wirkung und Gegen-
wirkung dieser sehr verschiedenen Faktoren bedingt.

Nicht die Möglichkeit allein der Produktion der Nahrungsmittel
und anderer zum Leben notwendigen Güter bestimmt die Volksmenge,
denn diese spielt eine immer verschwindendere Rolle darin; andererseits ist der Wille des Menschen. soweit dieser der bestimmende
Faktor ist, nicht unbeeinflufst von dem Grade der Produktivität der
Arbeit in dem Lande. In den verschiedenen Gruppen und Kreisen
der Gesellschaft wirken die mannigfaltigsten Kombinationen dieser
Faktoren. Die Volksbewegung ist die Resultante der sehr verschiedenartigen Bewegungen der einzelnen Bestandteile.

Neue Einflüsse erscheinen, wenn das Land nicht als ein ge-
schlossenes, sondern in seinen Beziehungen mit anderen Ländern
betrachtet wird. Die Möglichkeit, vom Auslande Vorräte zu bezie-
hen und massenhaft andere Produkte zu tauschen, bringt viele
Klassen der entferntesten Länder in eine gewisse Konkurrenz.
Auch Einwanderungen wirken verschiedenartig als Faktoren des
Problems.

Die Sache ist also nicht einfach und nicht mit einer schön klin-
genden Phrase zu erklären. Zu der hier gegebenen Auffassung wird
man durch eine Kritik der unzulänglichen Lehre von Malthus und
ein Studium der Thatsachen, die in einer richtigen Lehre zusammen-
zufassen sind, geführt.

§ 52. a) Ich möchte jetzt kurz einige praktische Mafsregeln
von seiten der Gesellschaft besprechen, die geeignet sind, eine Har-

monie zwischen der Zahl und dem Einkommen der ärmeren Klassen
herzustellen. Indem ich das thue, nehme ich an, dafs die jetzige
Gesellschaftsordnung in ihren wesentlichen Zügen zu bestehen berechtigt ist. „In ihren wesentlichen Zügen", sage ich, aber nicht
mit der Voraussetzung, dafs diese Ordnung etwas Starres, Heiliges
und Unantastbares ist, sondern dafs sie uns als Ergebnis einer langen Entwickelung überkommen ist, und dafs diese Entwickelung
weiter fortschreiten wird.

b) Es gibt zwei Momente. die in ihrer Verbindung bestimmend
für die des Triebs zur Fortpflanzung sind, den Menschen selbst mit
seiner angeborenen psychologischen Natur. wie sie nach ethischer
und geistiger Bildung und den sämtlichen Einflüssen des Lebens bis
zu dem in Betracht kommenden Augenblick sich ergibt: zweitens,
die aufser dem Menschen liegenden Umstände, die als objektive
Motive für die Handlungen des Menschen dienen. Diese zwei Momente sind zwar in einer einzigen Handlung unmöglich zu unterscheiden, sodafs jedem ein bestimmter Teil der Handlung beigelegt
werden könnte, aber sie lassen sich logisch unterscheiden in dem
Sinne, dafs gewisse Umstände vorausgesetzt. sie verschieden auf verschiedene Menschen wirken, je nach den verschiedenen menschlichen
Naturen; nehmen wir eine bestimmte menschliche Natur an, so wird
diese je nach den verschiedenen äufseren Einflüssen doch verschieden
handeln.

§ 53. Malthus sagt an einer Stelle: „Weder die Theorie noch
die Erfahrung berechtigt uns zu glauben, dafs die Leidenschaft zwischen den Geschlechtern sich mit dem Fortschritte der Gesellschaft vermindert." [1]) Man könnte dies zugeben bezüglich der angeborenen Natur
der Menschen. Der grofse Unterschied aber in dieser Beziehung
zwischen den Menschen auf verschiedenen Stufen der gesellschaftlichen Entwickelung liegt nicht so sehr in dem, was ihnen angeboren
ist, als vielmehr in einem anderen Moment. Nur durch Erziehung
wird aus dem Kind, das als kleiner Wilder in die Welt kommt,
ein Kulturmensch gemacht, dessen Leben nicht allein von sinnlichen
Trieben gelenkt wird, sondern dessen Intelligenz eine verhältnismäfsig
viel wichtigere Rolle in der Bestimmung des Handelns spielt. Dazu
kommt die Entwickelung der Fähigkeit und Gewohnheit, zukünftige
Vorteile gegenüber augenblicklichen Genüssen zu schätzen. Infolge
dieser Änderungen in den Menschen haben die äufseren Einflüsse

[1]) M. 515.

eine ganz andere Wirkung, und die verschiedenen Gegenstände haben eine ganz andere relative Wichtigkeit als Ziele für die Handlung.

§ 54. Eine Anwendung der Grenztheorie setzt den Irrtum von Malthus in ein klareres Licht, welcher jede Enthaltsamkeit, jede Hemmung der Volksvermehrung auf Elend oder Furcht vor Elend zurückführen zu müssen glaubte.[1]) Wenn ein Mensch fast an der Grenze der Hungersnot steht und durch Furcht vor Hunger moralischen Zwang ausübt, so mag diese Furcht fast das ganze Motiv seiner Handlung bilden, aber wenn von dem ganzen Einkommen ein Zehntel auf die zur dürftigsten Lebensführung nötigen Gegenstände verwendet wird, und die Enthaltsamkeit ausgeübt wird nur durch den Wunsch, die Richtung der Ausgabe nicht ändern zu müssen, so bildet die Furcht vor Elend nicht mehr das ganze Motiv, selbst nicht dessen Zehntel. Denn die eigentliche Barriere gegen den Trieb der Fortpflanzung ist der Wunsch, dasjenige Gut zu behalten, welches sonst aufgegeben werden müfste. Nun sind offenbar die notdürftigsten Lebensmittel nicht das, was man zuerst aufgibt, sondern sie werden in der Reihe der Bedürfnisse doch sicher am letzten aufgegeben. Man mufs nicht, wie Malthus es zu thun scheint, den Fehler begehen, dem zuerst aufzugebenden Teil des Einkommens den Nutzen des zuletzt aufzugebenden Teils zuzuschreiben.

§ 55. Als praktische Mafsregel gegen frühzeitige Heirat und übergrofse Kinderzahl in gewissen Klassen wird der Malthussche Rat allein: „heirate spät" sich als vergeblich erweisen. Das gewünschte Ziel mufs auf einem anderen Wege erreicht werden, denn dieser Rat setzt voraus eine Selbstbeherrschung, die nicht vorhanden ist. In das Leben der Menschen, die mitten in der zivilisierten Gesellschaft kaum einen Teil an dem geistigen Fortschritt haben, müssen neue Gedanken und Gewohnheiten gebracht werden. Ein allgemeiner Schulunterricht ist dafür nötig, aber er genügt allein noch nicht. Es mufs eine sittliche Bildung stattfinden, die nur durch persönliches und aufopferndes Bestreben höher gebildeter Leute zu hoffen ist. Hier öffnet sich ein grofses Gebiet für die Thätigkeit des glücklicheren Theils der Menschheit und schon ist etwas, obgleich verhältnismäfsig wenig, auf diesem Gebiete von edlen Menschenfreunden geleistet worden.[2])

Hand in Hand mit einer solchen Bildung mufs eine Entwicke-

---

[1]) M. 2.

[2]) Namentlich in London und in einigen Städten der Vereinigten Staaten.

lung der ökonomischen Vorsicht gehen, die zwar durch ähnliche
persönliche Einflüsse begünstigt werden kann, die aber so wesentlich
von den unter dem zweiten Momente zu erwähnenden Bedingungen
abhängt, dafs wir sie zusammen besprechen können.

§ 56. Ich habe von der Subjektivität der Schätzung gesprochen,
jetzt gehe ich zu den objektiven Einflüssen und ihrer praktischen
Bedeutung über. Wir sahen, dafs gerade in den Klassen, wo die
Vermehrung am gröfsten ist, es an Vorsicht und einigen wichtigen Motiven zur Vorsicht fehlt. Um die Leute zum Sparen
zu veranlassen, könnte die Errichtung von Sparkassen unter Bedingungen, die namentlich den allerärmsten zugute kommen, unzweifelhaft durchgeführt werden und zwar in einer Weise, wie es noch in
keinem Lande geschehen ist. Es mufs den allerärmsten besonders der
Weg geebnet werden, um auch die geringsten Ersparnisse vorteil-
haft anzulegen, denn es hat eine gröfsere soziale, wenn auch nicht
wirtschaftliche Bedeutung, wenn ein Armer einen Thaler, als wenn
ein reicher Mann eintausend gespart hat. Aber nur von den frei-
willigen Sparkassen kann man eine solche Wirksamkeit in der Entwickelung der Vorsicht und des Charakters mit Sicherheit behaupten. Bei der deutschen Arbeiterversicherung, wie lobenswert sie
auch in anderen Beziehungen sei, scheint gerade das pädagogische
Moment zu fehlen.

§ 57. a) Das Verlangen nach einem Dinge mufs, um ein Motiv des Handelns zu werden, mit der nicht zu entfernten Möglichkeit verknüpft sein, das Ding durch Handeln zu erreichen. Diese
einfache Beobachtung hat ihre Anwendung auf die Verhältnisse
einer bestimmten Gesellschaftsordnung. Diese Verhältnisse haben
nämlich einen Einflufs auf die Entwickelung und Ausübung der
Vorsicht unter den verschiedenen Schichten der Bevölkerung. Diese
Wahrheit ist sicher nicht genug beachtet, wenn Malthus stets von
einer zu grofsen Volksmenge als „der wahren Ursache der Armut"
spricht [1], und seine Lehre als eine solche charakterisiert, welche
„den gröfsten Teil der Leiden unter den niederen Volksklassen ausschliefslich ihnen selbst zuschreibt" [2], und die Regierung im allgemeinen, — ausgenommen die Not, die „durch Krieg und Besteue-
rung" herbeigeführt wird [3], — freispricht. Nehmen wir an, dafs die

---

[1] M. 428 u. passim Bd. IV, ch. 6—7.
[2] M. 417.
[3] M. 426.

hauptsächlichste **Ursache** der Armut eine zu grofse Volksmenge
sei [1]), so **kommt die weitere** Frage: ist nicht **die** unvorsichtige Ver-
mehrung vielleicht auf die Regierung in dem Sinne von Malthus
(**g o v e r m e n t**) **zurückzuführen?** Unter **Regierung bei** Malthus **ist**
offenbar nicht nur **Regierung im** engeren Sinne, sondern auch **die**
bestehende Gesellschaftsordnung, alle **Gesetze,** „**die** Einrichtungen
der Gesellschaft“ [2]) zu **verstehen.** Wenn **die Armut die** Folge der
Vermehrung, **diese** des Mangels **an Vorsicht,** und dieser die Folge
davon ist, dafs genügende **objektive Motive** zur Entwickelung der
Vorsicht nicht vorhanden sind. **so kann unter Umständen der Re-**
gierung mit Recht die Verantwortung zugeschrieben werden. Freilich werden die Klagen gegen die bestehende Ordnung nicht gewöhnlich in **dieser** Weise formuliert, aber wir müssen diese Ansicht
beachten **und** namentlich in ihrer **Beziehung** auf das Privateigentum.

b) **Der** grofse Rechtfertigungsgrund des Privateigentums ist,
dafs es den Fleifs lohnt, **und** die Vorsicht entwickelt. Es **mag sein,**
wie Malthus sagt, dafs „ohne die grofse Einrichtung des Eigentums
es absolut unmöglich wäre, eine irgend bedeutende Produktion zu
erzielen“. Doch **folgt daraus nicht.** dafs **gerade in ihrer jetzigen**
Gestalt diese Institution tadellos und vollkommen sei. Der unge-
heuere Grofsgrundbesitz Englands heutzutage ist z. B. von **einer Zeit,**
wo er **mit** ganz anderen Pflichten belastet war, überkommen, und
es kann wohl kaum eine Frage sein. dafs gerade in dieser Form
das Privateigentum seine segensreichste Wirkung nicht haben kann,
denn **der** gemeine Mann hat dabei sehr wenig **Hoffnung jemals Be-**
sitzer zu werden, und infolgedessen fehlt einer der **gröfsten Sporne**
zur Vorsicht. Von diesem Gesichtspunkt **scheint** die Behauptung
J. S. Mill unrichtig zu sein. welche er mit folgenden Worten auf-
stellt [3]): **Eine** ungerechte Verteilung des Vermögens verschlechtert
das **Übel [der** Übervölkerung] nicht. sondern sie läfst es höchstens
früher **empfinden.“**

§ 58. a) **Wie grofs die** politische Revolution **von 1789 in**
Frankreich auch war, so **wurde** doch keine neue Gesellschaftsordnung
bezüglich **des** Eigentums eingeführt. Nach **wie** vor besteht das
Privateigentum. aber die Zersplitterung **der grofsen** Güter des Adels

---

[1]) Obgleich die umgekehrte **Behauptung** vielleicht genauer die **Wahrheit**
ausdrücken würde.

[2]) M. 422.

[3]) Prinziples of Pol. Ec. Bd. I, ch. XIII, sec. 2.

und des Klerus ermöglichte einer viel gröfseren Klasse den Besitz, und dafs dies wesentlich zu der Entwickelung der Vorsicht, der Sparsamkeit und des Fleifses, und damit zu der Verminderung der Geburtenzahl beigetragen hat, würde wohl kaum jemand leugnen. Für die schädliche Wirkung gerade entgegengesetzter Zustände, bietet Irland in der ersten Hälfte dieses Jahrhunderts ein typisches Beispiel.

b) Wenn man in England, Deutschland und den anderen Ländern, wo über eine zu grofse Zunahme geklagt wird, durch irgend eine Veränderung der jetzigen Zustände und durch Begünstigung das Streben der niederen Klassen nach Besitz weckte — was man auch sonst von einer solchen Mafsregel sagen mag — so scheint an ihrer Wirkung gegen die Zunahme der Bevölkerung nicht zu zweifeln. Wie in der Fabel von der Sonne und dem Monde ist es Milde und nicht Gewalt, die der „Übervölkerung" ein Ende machen kann. Was das Elend nicht erreichen kann, das können neue Motive erzielen.

Auf dieses Gebiet der möglichen gesellschaftlichen Thätigkeit wollte ich hier nur hingedeutet haben, Sache des praktischen Staatsmannes und des Philanthropen ist es, die Mittel zur Ausführung dieser Idee zu finden.

§ 59. a) In dem gemachten Versuch zu einer richtig aufgefafsten Bevölkerungslehre habe ich mit Malthus als Thatsachen angenommen, 1) dafs der Mensch einen starken Trieb zum geschlechtlichen Verkehr hat, und dafs damit das menschliche Paar die physiologische Fähigkeit besitzt, viele Kinder zu erzeugen; 2) dafs das Gesetz des abnehmenden Ertrages richtig ist; 3) dafs der Mensch um zu leben Nahrungsmittel haben mufs. Keine von diesen Thatsachen war die Entdeckung von Malthus, und wie ich zu zeigen suchte, drückt er sie vielfach in einer Weise aus, die gar nicht zur Klarheit beiträgt. Ich zeigte ferner, dafs keiner der allgemeinen Sätze — ausgenommen die oben als dritte bezeichnete Thatsache — die er aufstellt, in einer solchen Weise formuliert ist, dafs man sie in dieser Form annehmen kann; ferner, dafs sein Gebrauch der wichtigsten Ausdrücke ein schwankender ist; und endlich, dafs seine aus den Sätzen geschlossene Theorie der Volksbewegung teils falsch, teils ohne Bedeutung ist. Ich zeigte auch, dafs in der Zweideutigkeit und Ungenauigkeit von Malthus eigener Ausdrucksweise die Rechtfertigung von den verschiedensten Meinungen und die Ursache von dem gröfsten Teile des über seine Lehre geführten Streites liegt.

b) Trotz der Thatsache, dafs ich die ganze theoretische Auffassung von Malthus als unrichtig fand, enthält wie ich glaube, die von mir gegebene Lehre alles, was die meisten Economisten als das Wesentliche bei Malthus bezeichnen.[1] Dies beweist, dafs sie entweder seine Lehre von den Nahrungsmitteln als das Kriterium der Bevölkerung, die er immer festhielt, obgleich er damit in Widersprüche geriet, übersehen, oder kein Gewicht darauf legen. Und in der That hat der gröfste Teil der Polemik, so weit sie nicht aus der Verschiedenheit der Auslegung, und aus dem gegenseitigen Misverständnisse entstanden ist, seinen Ursprung in den praktischen Konsequenzen, die Malthus aus seiner Lehre zog. Auch hier bleibt Malthus, ebenso wie in dem theoretischen Teile nicht konsequent, und alle Schattierungen der Meinung zeigen sich zwischen dem Pessimismus der ersten Auflage und seinen später fast optimistischen Ansichten.

§ 60. a) Wenn man von vielen Details absieht und in zwei Gruppen alle diejenigen, die überhaupt eine Stellung betreffs der Bevölkerungsfrage eingenommen haben, ordnet, so ergibt sich Folgendes:

1) Diejenigen, welche glauben, dafs aus den drei genannten Thatsachen folge, dafs überall und immer, gleichviel wie grofs die natürlichen Hülfsmittel eines Landes, oder wie entwickelt die Technik auch sein mag, die Bevölkerungszunahme einer ziemlich langen Periode viel langsamer sein müsse, als der ungezügelte Trieb und eine mäfsige Sterblichkeit sie machen würden. Sie erkennen, dafs fast überall die Sterblichkeit gröfser ist, als unter günstigen materiellen Verhältnissen und bei intelligenter Handlung nötig ist, aber dafs die vom ökonomischen sowohl wie ethischen Standpunkt wünschenswerte Verminderung dieser Sterblichkeit eine noch viel gröfsere Zunahme der Bevölkerung zur Folge haben würde, wenn die Geburtenzahl, schon weitaus kleiner als die physiologisch mögliche, nicht eine noch weitere Verminderung empfindet. Daraus folge, dafs hier ein in wirtschaftlicher und sozialer Hinsicht wichtiges Problem gestellt sei, womit man in der jetzigen wie in jeder anderen möglichen Gesellschaft zu rechnen habe.

---

[1] „Robert Malthus behält somit in allen wesentlichen Recht". Wagner, Handbuch der Pol. ök. I, I. 2, 665.

2) Diejenigen der zweiten Gruppe glauben dies nicht, sondern,

a) sie haben entweder einen allgemeinen unbestimmten Glauben, dafs alles richtig ist, was vorhanden ist, oder bald von sich selbst richtig werden wird; (die Ökonomisten der optimistischen Schule) oder b) sie richten ihre Aufmerksamkeit auf das gegenwärtige Elend und sagen, es gebe in dem Geiz, der Wurzel alles Übels, eine genügende Erklärung der Zustände. Es sei „ungläubig und unsittlich" zu lehren, Gott setze lebendige Wesen in die Welt, ohne sie mit genügendem Unterhalt zu versehen.[1]) Also wenn niemand geizig wäre, so brauchte niemand durch Vorsicht oder Enthaltsamkeit die Kinderzahl zu vermindern; (die Ansicht in geistlichen Kreisen von Luther bis zur Gegenwart).

oder c) sie richten ihre Aufmerksamkeit auf das, was sie als eine verwerfliche Rechtsordnung betrachten und sagen, das Problem ist vorhanden und wird immer vorhanden sein, bis die jetzige Gesellschaftsordnung abgeschafft wird. Dann wird es gelöst sein dadurch, dafs jedermann aus dem Überflufs, der selbst heute vorhanden ist, reichlich durch eine noch gesteigerte Produktion versehen werden wird. Weiter bestehe kein Problem. Also wenn eine ungerechte Verteilung der Güter nicht bestände, so könnte nie eine Volksvermehrung, die ökonomisch oder sozial nachteilig sein würde, stattfinden, auch wenn die Kinderzeugung unbeschränkt vor sich ginge; (die meisten Sozialisten).

b) In einer solchen Zweiteilung der Ansichten gehört Malthus der ersten Gruppe an, die gewöhnlich die der Malthusianer genannt wird. Der Name ist unglücklich gewählt, denn es gab Malthusianer in diesem Sinne schon vor Malthus[2]) und selbst die hier gegebene Auffassung, so weit sie auch von den Sätzen und Ideen von Malthus abweicht, mufs zu dieser Gruppe gerechnet werden. In ihrer ersten Form war die Lehre von Malthus unbedingt fatalistisch und, vieler Änderungen in Einzelheiten ungeachtet, verlor sie nie (wie ich gezeigt habe) ganz diesen Charakter; während die hier vertretene Lehre entschieden voluntaristisch ist. So weit gehen also die Ansichten, die zusammen unter dem Namen Malthusianismus gruppiert

---

[1]) S. Die Christliche Welt sept. 14. 1893, S. 907. Artikel von J. N.

[2]) Conrads Handwörterbuch der Staatswissenschaften. Artikel, „Bevölkerung". II 469, Plato; die Italiener Genovese † 1769, und Ortes † 1790, S. 487 bis 488; die Engländer Raleigh † 1618, Hale † 1676. Child † 1696, Stewart, Young, Townsend; der Amerikaner Franklin; S. 488—90.

sind, auseinander. Der Name ist unrichtig und irreführend und seine Anwendung in vielen Fällen ist aus einem Mifsverständnisse, der Malthusschen Theorie entsprungen.

§ 61. Den schlimmsten Ruf hat die Malthussche Lehre dadurch erlangt, dafs man mit Berufung auf sie den ärmeren Klassen die Schuld an ihrem Elend selbst zuschiebt, und selbst die Schattenseiten der jetzigen Ordnung als unumgänglich hinstellt. Dieser Gebrauch folgt aus Malthus eigentümlicher Theorie, wie ich sie auseinander gesetzt habe. Wie steht es nun in Bezug auf die Anwendung der voluntaristischen Auffassung auf gewisse vorgeschlagene Reformen?

a) Es ist klar, dafs gegen den Vorschlag einer sozialen Ordnung, wo die Verantwortlichkeit für die Kinder von dem Augenblick der Geburt den Eltern abgenommen wäre, diese Lehre mit Gewifsheit die Gefahr einer weitaus zu schnellen Zunahme der Bevölkerung unter solchen Umständen zeigt. In der heutigen Ordnung wirken die Motive zur Verringerung der Kinderzahl desto stärker, je näher die Verantwortlichkeit das Individuum trifft. Ein grofser Teil der jetzt so mächtig wirkenden Motive zur Verringerung würden unter einem solchen System beseitigt sein. Durch eine wunderbare Entwickelung des einzelnen Gewissens und durch eine sehr gesteigerte Wirkung der öffentlichen Meinung könnten vielleicht die jetzigen Motive ersetzt werden; aber die Annahme einer solchen Entwickelung übersteigt die Wahrscheinlichkeit, und ferner wird sie von den meisten Sozialisten nicht erwähnt. Sie ziehen es vor, keine unangenehmen Vorstellungen von Zwang oder Enthaltsamkeit in dieser Beziehung zu erwecken (z. B. Bebel in „Die Frau und der ˑ Sozialismus"), wodurch die Anziehungskraft des Bildes von einem sinnlichen Paradies auf Erden geschwächt werden könnte. Wenn sie aber die Notwendigkeit dieser Kontrolle zugeben, und sie die Wahrscheinlichkeit, dafs ihre Mittel zur Lösung des Problems hinreichend und nicht verwerflich sind, zeigen könnten, so würde das Bevölkerungsargument gegen den Sozialismus seine Kraft verlieren.

b) Die Anwendung dieser Auffassung zur allgemeinen Verteidigung von Klasseninteressen ist aber unberechtigt. Um ein Beispiel zu wählen, können durch diese Bevölkerungslehre die Vorschläge für die Verstaatlichung vieler Unternehmungen, oder die verschiedenen Vorschläge zur Verstaatlichung des Grund und Bodens mit sonstiger Beibehaltung des Prinzips des Privateigentums, nicht widerlegt werden. Die Durchführung des letztgenannten Plans in der heutigen Gesellschaft würde mit Wahrscheinlichkeit eine andere, allerdings eine viel kleinere Wirkung auf die Volkszunahme haben, als der Kommunismus der Germanen hatte, und zwar aus folgenden Gründen: erstens würde der Gesamtertrag der Steuer oder Rente zu gemeinsamen Zwecken, und nicht zur Verteilung von Nahrungsmitteln unter den Armen gebraucht werden; zweitens macht der Grund und Boden jetzt einen sehr kleinen Teil des Vermögens der Gesellschaft und der Individuen aus. Zu dem Ausnutzen von Grund und Boden wäre unter einem System von konkurrirenden Pächtern ein erhebliches Kapital nötig und das Motiv zum Sparen wäre noch vorhanden; drittens die Erhöhung der Löhne und die Erleichterung der Schaffung von Nahrungsmitteln ist nicht notwendig von einer bedeutenden Volksvermehrung begleitet, wo gleichzeitig eine Steigerung des Standard of life stattfindet, wie es so allgemein jetzt der Fall ist. Solche Pläne müssen vielmehr auf ihre Gerechtigkeit und Zweckmäfsigkeit hin geprüft und entschieden werden.

§ 62. Eine richtig aufgefafste Bevölkerungslehre ist die Stütze keiner herkömmlichen Ungerechtigkeit, die Waffe keiner priviligierten Klasse, der Feind keines wahren Fortschrittes. Sie verkennt weder die Irrtümer der Vergangenheit, noch das Leiden der Gegenwart, und sie sieht mit Hoffnung der Zukunft der Gesellschaft entgegen.

Lippert & Co. (G. Pata'sche Buchdr.), Naumburg a.S.

Liste einiger Bücher, deren Titel in abgekürzter Form zitiert sind.

Henry George; Progrefs and Poverty, New York 1883, herausgegeben von John W. Lovell Co.

Hegewisch; s. Malthus.

Malthus; (citirt als „M."). An Essay on the Principle of Population o ra view of its past and present effects on human happiness ed. by the Rev. T. R. Malthus. 7 Edition London 1872.
Ins Deutsche übersetzt zuerst von Hegewisch 1807 und von Stöpe 1879, Berlin.

Marshall, Alfred; Principles of Economics, London 1891.

Senior, William Nassau; Political Economy. London.

Soetbeer, Dr. Heinrich; Die Stellung der Sozialisten zur Malthusschen Bevölkerungslehre, Berlin 1886.

Stöpel; s. Malthus.

Tallqvist, J., V.; Recherches statistiques sur la tendance a une moindre fecondité des Mariages, Helsingfors 1886.

Wagner, Adolph; Lehr- und Handbuch der politischen Ökonomie I. 1. 2. Dritte Auflage, Leipzig 1893.

Verlag von Gustav Fischer in Jena.

H. Dietzel,

Professor der Staatswissenschaften an der Universität Bonn.

Karl Rodbertus.

Darstellung seines Lebens und seiner Lehre.

Erste Abteilung: **Darstellung seines Lebens.** Preis: 2 Mark.
Zweite Abteilung: **Darstellung seiner Sozialphilosophie.** Preis: 4 Mark 50 Pf.

Dr. phil. Theophil Kozak.

Rodbertus-Jagetzows Sozialökonomische Ansichten.

Preis: 6 Mark.

Dr. jur. Karl von Mangoldt.

Aus zwei deutschen Kleinstädten.

Ein Beitrag zur Arbeiterwohnungsfrage.

Preis: 2 Mark.

Dr. Rudolf Singer.

Das Recht auf Arbeit

in geschichtlicher Darstellung.

Preis: 2 Mark.

Joseph Stammhammer,

Bibliothekar des juridisch-politischen Lesevereins in Wien.

Bibliographie des Sozialismus und Kommunismus.

1893. Preis: 10 Mark.

Dr. Bela Weisz,

Professor an der Universität in Budapest.

Der Einfluß von teuren und billigen Zeiten auf die Sterblichkeit.

1880. Preis: 1 Mark 50 Pf.

Dr. Johannes Wernicke.

Das Verhältnis zwischen Geborenen und Gestorbenen

in historischer Entwickelung und für die Gegenwart in Stadt und Land.

1889 Preis: 2 Mark 50 Pf.

Dr. Harald Westergaard.

Professor an der Universität in Kopenhagen

Die Grundzüge der Theorie und Statistik.

Preis: 6 Mark 50 Pf.

SAMMLUNG

NATIONALÖKONOMISCHER UND STATISTISCHER

ABHANDLUNGEN

DES STAATSWISSENSCHAFTLICHEN SEMINARS
ZU HALLE A. D. S.

HERAUSGEGEBEN

VON

Dr. JOH. CONRAD,
PROFESSOR IN HALLE A. D. S.

SIEBENTER BAND. VIERTES HEFT.

VERSUCH

EINER

BEVOLKERUNGSLEHRE

AUSGEHEND VON EINER

KRITIK DES MALTHUS'SCHEN BEVÖLKERUNGSPRINCIPS.

VON

Dr. FRANK FETTER.

JENA,
VERLAG VON GUSTAV FISCHER.
1894.

Lippert & Co. (G. Pätz'sche Buchdr.), Naumburg a. S.